UN COUP D'ŒIL

SUR

LA SITUATION

PAR

CONSTANT GUIMARD

INVENTEUR DES CANONS PERFECTIONNÉS.

DEUXIÈME ÉDITION.

NANTES

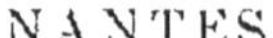

MAZEAU, LIBRAIRE
RUE SAINT-PIERRE, 2

MORIN, LIBRAIRE
PLACE NOTRE-DAME, 2

RENNES

FOUGERAY, LIBRAIRE, RUE AUX FOULONS, 19

1878

UN COUP D'ŒIL

SUR

SITUATION

PAR

CONSTANT GUIMARD

DEUXIÈME ÉDITION

NANTES

MAZEAU, LIBRAIRE
RUE SAINT-PIERRE, 2

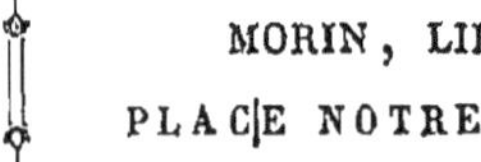

MORIN, LIBRAIRE
PLACE NOTRE-DAME, 2

RENNES

FOUGERAY, LIBRAIRE, RUE AUX FOULONS, 19

1878

Nantes. — Imp. Bourgeois, rue St-Clément.

LETTRES

A MONSIEUR LE MARÉCHAL DE MAC-MAHON

DUC DE MAGENTA

CHEF DU GOUVERNEMENT FRANÇAIS.

MONSIEUR LE MARÉCHAL,

La défaite électorale du parti conservateur peut être aggravée, par des complications diplomatiques, de manière à nous précipiter dans une nouvelle catastrophe. En présence de cette éventualité, j'ai cru devoir mettre sous vos yeux la copie de la lettre suivante que je pris la liberté de vous adresser le 26 février 1876. Le péril n'a fait que grandir depuis cette époque. Néanmoins cédant à l'ardeur de mon patriotisme, qui ne me permet pas de garder le silence dans cette circonstance, je viens vous déclarer de nouveau que je me charge de vous donner la solution de ce redoutable problème social, et que je puis vous en faire la démonstration dès que vous le voudrez. J'emploierai pour cela un procédé qui ne ressemble en rien aux habiletés parlementaires des doctrinaires de 89, qui se sont fait battre si complétement par les logiciens de 93.

Comme cette manière de parler au Chef du gouvernement peut paraître un peu blessante, je vous prie, Monsieur le Maréchal, de vouloir bien vous rappeler que c'est mon langage naturel, le plus en rapport avec ma qualité de fils d'un ouvrier de campagne.

Le travail qui depuis mes premières années a rempli tous les instants de mon existence de 38 ans, me dispense d'avoir recours aux formules de la flatterie comme ces personnalités académiques, de haut parage, dont tout le savoir-faire est venu aboutir à cette déclaration du plus brillant de vos premiers ministres, qui disait en s'adressant à des jeunes gens :

« Ne comptez que sur vous-mêmes, sur votre courage et sur vos forces dans les luttes auxquelles vous serez bientôt appelés à prendre part ; vous ne trouverez aucune institution, aucun principe qui puisse vous venir en aide ! »

Quoi qu'il en soit, Monsieur le Maréchal, je vous prie d'a-d'agréer l'hommage de mon profond respect et l'assurance de mon entier dévouement.

Votre très-humble serviteur,

CONSTANT GUIMARD.

Monsieur le Maréchal,

Dans les petites brochures que j'ai eu l'honneur de vous adresser j'ai dit des choses très-dures et d'autres qui ont été trouvées d'abord fort exagérées. Malheureusement mes prévisions qui paraissaient alors les plus invraisemblables sont sur le point de devenir d'effroyables réalités. Car d'après la marche ordinaire des événements vous devez aboutir à un double *Sedan*, parlementaire et diplomatique, à moins que vous ne sortiez promptement de la situation fausse où vous êtes en ce moment.

L'extraordinaire, tout en restant dans la légalité, peut seul vous tirer de ce mauvais pas et assurer le triomphe de la patrie. Voilà pourquoi le patriotisme me porte à vous écrire encore aujourd'hui.

Si vous ne comprenez pas ce que je veux vous dire, vous n'avez qu'à me le faire savoir. Alors je m'expliquerai, Monsieur le Maréchal, car j'ai une confiance absolue dans votre loyauté, et je sais que le propre du véritable patriotisme, c'est de servir d'intermédiaire entre les classes placées aux deux extrémités de l'échelle sociale.

Oui, il ne tient qu'à vous de triompher des difficultés de la situation présente, tant à l'intérieur qu'à l'extérieur, et de faire reprendre à la France la première place dans le monde. Si vous ne voulez pas me croire sur parole, eh bien, laissez-moi vous en faire la démonstration. Ce langage des faits vous fera comprendre que dans ces sortes de questions, aussi bien qu'en balistique, la compétence n'est pas le privilége exclusif de telle ou telle personnalité. Mais je vous en conjure, Monsieur le Maréchal, ne dédaignez pas de prêter l'oreille à cette voix du patriotisme, comme Napoléon III, si étrangement abusé ou frappé de vertige.

Le temps presse ! Faites bien attention que vous pouvez être avant peu complétement débordé par les événements.

En attendant veuillez agréer l'expression de mes meilleurs sentiments.

Votre très-humble et tout dévoué serviteur,

Constant GUIMARD.

PRÉFACE.

M. Thiers a tant bavardé sur toutes choses et soutenu si impudemment le oui et le non sur les mêmes questions, que les adversaires de chaque parti peuvent se jeter à la face des citations de ce « fourbe consommé, rompu à mentir », comme Frédéric de Prusse disait autrefois en parlant de Voltaire.

« Sa polémique n'est pas très-acerbe, parce qu'il est sans foi politique. Il se moque de toutes les théories, et il n'y a guère pour lui de bien et de mal, de vrai et de faux. Il aime la possession du pouvoir, non pas pour ce que le pouvoir est en lui-même, mais pour le bien-être qu'il procure. M. Guizot en a l'orgueil, et M. Thiers le sensualisme. » Voilà ce qu'on lit dans le *Livre des Orateurs*. Et c'est ce genre de *philosophie* qu'on affecte aujourd'hui de décorer du titre de *modération*. Rien ne saurait mieux convenir à ceux qui n'ont pas d'autre mobile que leur intérêt personnel. Mais quand l'amour du pays natal a pris dans une âme les proportions d'une véritable passion, ce modérantisme ne saurait tenir contre l'exaltation du patriotisme. Impossible de se résigner au silence en présence des périls et des humiliations de la patrie ! Le cœur fait parler envers et contre tous lorsqu'on voit clairement ce qu'il faudrait faire pour assurer un triomphe que nos stupidités gouvernementales peuvent transformer en un désastre irréparable.

Je vois bien les inconvénients d'une telle franchise de langage à une époque où le radicalisme au pouvoir menace de monopoliser la *justice* au profit de la politique. Cela ne m'empêchera pas cependant de faire remarquer à ces étranges jurisconsultes, que le gouvernement actuel s'est rendu coupable du crime de *lèse-majesté*, par sa complicité dans les saturnales anti-patriotiques et sacriléges qui ont eu lieu à l'occasion du centenaire de Voltaire.

C'est la mode en ce moment de proclamer, sur tous les tons,

que le peuple est l'unique souverain sur la terre, et qu'il faut s'incliner avec respect devant ses déclarations officielles. Or, messieurs les ministres *responsables* ne peuvent pas ignorer que, grâce à une formule de recensement, nous avons appris, il y a peu d'années, que la presque totalité de la nation française déclarait appartenir à l'Eglise catholique. Il en résulte qu'en vertu du droit des majorités, personne ne saurait être autorisé à insulter notre divine Religion. Une loi antérieure avait d'ailleurs été faite à ce sujet, et les représentants du pouvoir ne peuvent, pour aucune raison, en tolérer la violation. C'est pourtant ce qui a eu lieu par la glorification du plus infâme insulteur de cette Religion et du ***Peuple-Roi.***

Tout le monde a pu entendre parler de l'abominable ouvrage où Voltaire semble plus particulièrement avoir pris à tâche de jeter de la fange sur ce qu'il y a de plus sacré. Le célèbre Laharpe, échappé à la guillotine républicaine de 93, disait en parlant de cette œuvre satanique : « Si l'on réfléchit à tout le mal qu'a fait et dû faire ce poëme, on avouera qu'un gouvernement tombe dans la plus étrange inconséquence lorsqu'il interdit la vente des poisons, et qu'il autorise ou tolère le débit de pareils livres. » Eh bien, nous en sommes venus à ce point d'avilissement qu'un comité a pu se former, à Paris, pour organiser une « fête nationale » en l'honneur de celui qui a produit cette œuvre infâme, et tant d'autres qui ont empoisonné le XVIIIe siècle. Afin de rendre cette manifestation plus *populaire* les membres de ce comité, hommes indignes du nom français, n'ont pas rougi de faire appel au zèle de messieurs les Instituteurs qui sont les ***Précepteurs des Enfants du Peuple,*** c'est-à-dire du Souverain.

Parmi les signataires de l'*Appel du Comité*, on voit un civique, « *Professeur à la Faculté de Médecine* », qui a pu se permettre d'agir ainsi sans courir d'autre danger que de se faire décorer de la croix de la ***Légion-d'Honneur***, « pour services exceptionnels rendus dans l'exercice de ses fonctions », comme l'on dirait au Ministère républicain de l'Instruction publique et des Beaux-Arts. Services bien exceptionnels, en effet, car il y a peu d'âmes assez profondément avilies pour être capables de pousser le cynisme jusque-là.

Il ne fallait rien moins que toute l'effronterie d'un gradué de ce grand cloaque universitaire pour oser venir solliciter le concours du corps enseignant, afin d'assurer le succès de l'apothéose de ce Voltaire dont le cri de guerre était qu'il faut écraser l'Eglise et qui écrivait à ses amis :

« Je vous remercie de proscrire l'étude chez le laboureur. » — « Il est à propos que le peuple soit guidé et non pas qu'il soit instruit ; il n'est pas digne de l'être. » — « Il me paraît essentiel qu'il y ait des gueux ignorants. » — Le peuple « sera toujours sot et barbare. Ce sont des bœufs auxquels il faut un joug, un aiguillon et du foin. »

C'est pourtant au lendemain d'un pareil scandale que le franc-maçon Bardoux, ministre de l'Instruction publique, n'a pas eu honte d'aller dire à des jeunes gens réunis à la Sorbonne pour une distribution de prix :

« Gardez en vous la flamme de l'enthousiasme ! Croyez au désintéressement, au sacrifice ! » comme Voltaire qui recevait du roi de Prusse une pension de vingt mille francs. « Croyez que la suprême satisfaction en ce monde est d'avoir, quand même et toujours, été fidèle à l'amitié, à la conscience, au devoir ! Croyez qu'il n'y a pas de douceur comparable à cette hautaine amertume des nobles cœurs qui ont tout donné, sans être toujours connus, pour la patrie et pour la justice ! Croyez que le mâle dédain du succès et de la fortune fait marcher la tête haute dans la vie !

» C'est à ce prix que dans notre démocratie française l'honneur s'acquiert, l'honneur, la seule fierté légitime ! »

Oui, ce franc-maçon, membre du cabinet actuel, a osé parler de l'honneur, de l'enthousiasme patriotique, à une jeunesse qui venait de voir les commissaires de police et la brave gendarmerie occupés à empêcher des dames françaises de déposer des bouquets de fleurs au pied de la statue de Jeanne d'Arc ; pendant que des francs-maçons cosmopolites, confrères et amis du ministre, pouvaient aller librement jeter des couronnes sur la statue de cet exécrable Voltaire, qui a écrit que les Français sont « les résidus, les excréments (la chiasse) du genre humain ! » Et qui avait pris à tâche de couvrir d'ordure la mémoire de la vierge de Domremy, l'héroïque libératrice de notre bien-aimée patrie.

Hélas ! ces bacchanales, d'un nouveau genre, ne sont malheureusement que trop de nature à justifier ce mot de notre plus mortel ennemi : « La France a une agonie folâtre. »

Tout cela est bien triste, mais ce qu'il y a de plus humiliant dans ce drame, commençant par l'imbécillité pour arriver au sang, c'est la situation où se trouve le héros que nous avions tant admiré. Le Soldat-Président est encore censé avoir l'épée au côté et le bâton de maréchal à la main, et cependant il ne s'est pas cru libre de refuser une signature qui, plus que toute autre, semblait être de nature à réveiller en lui l'instinct de l'honneur militaire dont il avait été si longtemps la glorieuse personnification.

Le ministre de l'intérieur l'a prié de mettre *son sine* sur un papier qui autorisait à prendre *illégalement*, sur les ressources budgétaires, les fonds nécessaires pour donner plus d'éclat au centenaire du courtisan du roi de Prusse, ce Voltaire qui avait écrit, à Frédéric II, en parlant des troupes françaises, commandées par le *Mac-Mahon* de Rosbach : « L'uniforme prussien ne doit servir qu'à faire mettre à genoux les Français. » — « Sire, me voici dans Paris ; c'est, je crois, votre capitale. »

Je suis sûr qu'en songeant à sa signature, perfidement extorquée pour le déshonorer, et en voyant les gendarmes employés à rapatrier les communards et à fermer *illégalement* les écoles congréganistes, notre vieux Soldat doit s'écrier parfois, en gémissant, comme un héros de théâtre devenu sicélèbre sur la scène :

O rage! ô désespoir! ô vieillesse ennemie!
N'ai-je donc tant vécu que pour cette infamie?
Et ne suis-je blanchi dans les travaux guerriers
Que pour voir en un jour flétrir tant de lauriers?
O cruel souvenir de ma gloire passée!
Œuvre de tant de jours en un jour effacée!
Nouvelle dignité fatale à mon bonheur!
Précipice élevé d'où tombe mon honneur!

UN COUP D'ŒIL

SUR

LA SITUATION

Au moment de franchir le seuil de l'éternité, l'un des Prélats qui ont fait le plus d'honneur à l'Épiscopat français, promena son regard scrutateur sur la scène du monde qu'il allait quitter, et dit à son peuple aux reflets lumineux de l'auréole de l'immortalité : « A l'heure présente, le ciel est sombre; de près comme de loin, se montrent, sous des formes sinistres, des signes précurseurs de l'orage. L'Église est la plus menacée par ces bruits sourds, qui grondent dans les profondeurs de l'espace, mais les sociétés elle-mêmes seront rudement ébranlées par l'explosion des maux qu'ils annoncent. Alors, ô Cœur sacré, dilatez à l'infini la plaie que vous a faite la lance, c'est-à-dire l'avenue par laquelle on pénètre dans le creux du rocher vivant, qui est Vous-même : *Petra autem erat Christus !* »

C'était au mois de juin 1875 que ces paroles prophétiques résonnèrent sous les voûtes mystérieuses du portique de l'autre monde, d'où elles s'échappèrent comme un adieu de ce Pontife vénéré quittant la terre pour le Ciel. Eh ! pas un événement qui ne soit venu compliquer cet inexprimable mélange de terreur et d'espérance, qui rappelle ce drame plein d'émotions poignantes dont les rives du Cydnus furent le théâtre, il y a un peu plus de deux mille ans, à l'époque marquée dans les Ecritures pour la ruine de l'empire des Perses.

L'heure fixée dans les décrets éternels venait de sonner. Alexandre qui portait en lui le secret et le pressentiment de la victoire, s'était élancé comme un coursier fougueux, las de ronger le frein qui le retenait. Il dévorait l'espace. Il franchissait tous les obstacles. L'univers le contemplait avec l'étonnement de la stupeur. La terre se taisait devant lui, ainsi que le prophète l'avait annoncé. Mais ce vainqueur déjà couvert de gloire se vit subitement arrêté dans sa course par une imprudence de jeune homme. Il fut tout à coup saisi d'un frisson violent. On crut qu'il allait mourir.

Il recouvra néanmoins la santé. Ce fut grâce à un acte de confiance sans bornes de sa part. Et c'est là peut-être l'endroit le plus émouvant de cette tragique histoire.

En effet il arriva que sur ces entrefaites, Alexandre reçut une lettre dans laquelle on lui conseillait de se tenir en garde contre un médecin qui pouvait seul le sauver.

C'était comme ce dossier de calomnies qu'on a si perfidement répandues dans le public, afin d'indisposer le peuple contre l'Eglise, qui pourtant n'a pas cessé de l'aimer d'un amour maternel, depuis le miracle de Tolbiac, et le baptême solennel auquel la nation franque doit le titre glorieux de fille aînée de l'Eglise.

Cette lettre, nous dit l'histoire, jeta le vainqueur du Granique « dans une grande perplexité, ayant tout le temps de peser en lui-même les raisons de craindre et d'espérer qui s'offraient à son esprit : La confiance en un médecin dont il avait connu et éprouvé, dès sa première enfance, le tendre et fidèle attachement, l'emporta bientôt et dissipa tous ses doutes. Il referma la lettre et la mit sous son chevet sans la communiquer à personne. »

Le jour venu, le médecin « entre avec son remède. Alexandre, tirant la lettre de dessous son chevet, la donne à lire » à son sauveur : « en même temps il prend la coupe, et, les yeux attachés sur lui, il l'avale sans hésiter, et sans témoigner ni le moindre soupçon ni la moindre inquiétude. » Le médecin « en lisant la lettre, avait témoigné plus d'indignation que de surprise et de crainte ; et la jetant sur le lit du roi : *Seigneur*, lui dit-il d'un ton ferme et assuré, *votre guérison me justifiera bientôt du parricide dont on m'accuse. La seule grâce que je vous demande, est que vous mettiez votre esprit en repos et que vous laissiez opérer le remède.* »

Et ce remède très-violent fut assez fort pour triompher de la maladie que toute autre médication ne faisait qu'aggraver.

Il en est ainsi pour le Français, héros du Catholicisme.

On l'a vu se précipiter en un jour d'effervescence au milieu de ce rationalisme que ne réchauffent point les rayons vivifiants du Soleil des intelligences. Une fièvre délirante s'est emparé de ce peuple ardent, généreux, et l'a jeté dans des convulsions qui donnent à craindre pour sa vie.

Toutes les combinaisons possibles des divers produits de 89 ont été mises en doses et administrées selon les prescriptions de la science.

Soins empressés, formules exactes, étiquettes dorées; rien n'a été omis pour assurer le succès d'une cure vraiment digne des immortels principes si bruyamment annoncés comme devant produire, sur l'humanité, l'effet des eaux magiques puisées à la fontaine de Jouvence. Mais tous ces expédients du libéralisme ne sont que des lénitifs tout à fait impuissants contre le mal terrible qui nous dévore, et qui ne cèdera qu'à l'action énergique de ce que messieurs les libéraux appellent *ultramontanisme*, et qui n'est pas autre chose que le catholicisme à sa plus haute expression.

Quel beau spectacle que celui de l'Eglise bravant tout pour aller porter un remède salutaire à son enfant chéri qu'elle voit périr sous les yeux d'une foule d'empiriques et de docteurs impuissants!

Vu les divers commentaires auxquels a donné lieu ce passage de la première édition, imprimée en décembre 1875, je vais reproduire ici quelques parties d'un article que M. Louis Veuillot publia au mois d'octobre 1877.

« Nous avions depuis longtemps une maladie horrible; elle était douloureuse, gênante, invétérée; on la croyait parfois en voie de guérison, elle reparaissait plus maligne..... Mais elle semblait n'avoir pas absolument détruit la constitution du malade, laquelle luttait avec une indomptable vigueur et promettait toujours de reprendre le dessus. Quel combat! qu'il a inspiré de terreurs, qu'il a trompé d'espérances!.... La maladie empirait quand le malade avait reconquis un temps de santé. La bonne nature semblait avoir vaincu l'ignorance du médecin, mais alors c'était le médecin ignorant ou perfide qui trahissait la nature, et le malade n'a cessé de témoigner une haute et rare sottise, se procurant par ses fautes et par ses crimes toutes les rechutes dont la justice divine et son bon sens le menaçaient.... Maladie déclarée, crimes, sottises, médecins ignares, médecins perfides, malade de plus en plus imbécile, efforts providentiels d'une nature primitivement bonne et admirable, rechutes plus profondes et plus accablantes. Où en sommes-nous maintenant? Il faut bien le dire. L'espoir s'en va et le malade baisse épouvantablement. Cette constitution ancienne, ce bon tempérament primitif qui semblait devoir le sauver toujours, allant aux choses salutaires et produisant comme de lui-même les remèdes qui lui manquaient; cette vertu spontanée et éclatante qui fut si longtemps la vertu de la France, le don de son baptême enfin, la France ne le voit plus paraître, ne l'attend plus, n'y compte plus. La France se sent malade et n'espère plus guérir. »

L'Eglise ne laissera pas son peuple de prédilection en proie à ce sombre désespoir. Son action divine se fera sentir avant que le moribond ait exhalé son dernier soupir. Les menaces, le sarcasme, pas plus que les truellées de boue qu'on lui jette à la face ne pourront l'arrêter. Elle arrivera, à son heure, et sa présence réchauffera le cœur de son fils, qui sera redevable, une seconde fois, de la vie à l'amour maternel.

Des indices non équivoques du retour à la santé ne tarderont pas à se manifester; mais cela ne suffit pas; car Alexandre guéri trouva la mort au sein de la débauche. Il est absolument nécessaire que l'action régénératrice du culte le plus parfait que l'homme puisse rendre au Créateur, s'identifie avec la vie politique de ce peuple français qui a été si manifestement prédestiné pour occuper la première place parmi les nations. Ce peuple dont la passion de la gloire est le mobile le plus puissant, et ce troupeau d'hommes abrutis qui ne se meuvent que pour satisfaire leurs appétits brutaux, sont les deux points opposés (Zénith et Nadir), entre lesquels toutes les nations s'agitent, s'estimant d'autant plus dignes des hommages de l'humanité qu'elles s'approchent de plus près de la nation chevaleresque.

Au temps des Croisades où la civilisation chrétienne et la barbarie musulmane se rencontrèrent sur le plus vaste champ de bataille qui fût jamais, l'infidèle semblait ne connaître sur la terre que lui et les *Francs*. Rien de plus naturel !... puisque l'humanité se trouvait partagée en deux camps, et que les Francs occupaieut la place d'honneur dans l'armée qui portait la croix pour signe de ralliement. Il en est encore ainsi aujourd'hui (1). Oui, le nom français a conservé le glorieux privilége de personnifier le Catholicisme, eh ! ce n'est pas en vain que l'univers est dans l'attente du grand événement qui va faire époque dans les annales du monde moderne. Car la résurrection mystérieuse d'un peuple couvert de meurtrissures, et qui semblait être condamné à périr étouffé sous la botte du Teuton, permettra bientôt à l'observateur attentif de prévoir qui restera vainqueur dans ce duel à mort qui rappelle les péripéties émouvantes du *Combat des Trente*, au chevaleresque pays de Bretagne. L'Internationale sera refoulée dans son antre de bête féroce. La Prusse s'avouera vaincue aussi ou sera broyée par la force même des choses; attendu que la cause hérétique qu'elle représente a déjà épuisé ce qu'elle pouvait dépenser de vitalité.

L'un des journaux les plus autorisés de l'Allemagne disait à ce sujet, dans un numéro du mois d'octobre 1878 :

« Le peuple catholique n'est pas responsable du culturkampf. Il est prêt à continuer de souffrir comme par le passé. La victoire ne saurait lui manquer. Il est prouvé à l'évidence que l'Etat ne peut plus continuer sa campagne contre l'Eglise. »

Le protestantisme tombe par lambeaux comme ces plaques d'écorce qui se détachent toutes seules du majestueux platane planté au bord d'une eau limpide. La

---

(1) La plus grande faute de notre diplomatie imprévoyante et peureuse, c'est de nous faire perdre le bénéfice d'une attitude franchement catholique qui enlèverait à nos ennemis une partie de leurs forces, en nous faisant recouvrer l'influence que nous devions à l'énergie de cette vitalité tout imprégnée de catholicisme qui est l'essence même de notre nationalité.

Est-ce que le gouvernement a besoin de l'approbation de ces boulevardiers voltairiens qui ne sont bons qu'à caresser leurs *zizies*, à peupler la France de bâtards, et qui, à l'heure du danger, tremblent comme des femmes, appelant à leur secours la province qu'ils ont criblée de quolibets pendant la paix ? Les lâches !... Pas un seul parmi eux ne s'est présenté pour sauver les otages, pendant que le paysan, conscrit de la veille, se faisait tuer résolûment pour arracher à la mort, même des polissons pour lesquels il n'est qu'un objet de moquerie !

Prusse ressemble à une vache toujours affamée qui ruine les riches provinces d'Allemagne sans profit pour personne. Les chefs des principautés englobées par surprise s'aperçoivent déjà avec douleur, que les milliards enlevés à la France n'ont servi qu'à rendre plus intolérable cet abrutissant servage militaire, qui ne laisse de liberté que pour la prostitution. Naître, vivre et crever comme des chiens !... Voilà en quoi consiste aujourd'hui la tolérance du protestantisme de Berlin. Aussi, qui sait si de Moltke écoutant le refrain de la catholique Bavière :

Plutôt en Bavarois mourir
Qu'en crasseux de Prussiens pourrir,

ne dit pas à son maître : « Colossal Arminius, cessez d'être tyran ; car vous êtes devenu bien pesant, et à votre âge on ne se relève plus quand on est tombé. Vous savez que toutes les colères de la France se concentrent sur la Prusse, et que l'Allemagne a tout à gagner dans l'amitié d'une nation noble et généreuse, contre laquelle vous n'avez plus ces chances de succès que le destin lui-même semblait vous avoir préparées, ainsi que vous l'écriviez à Augusta, stupéfaite de cette interminable série de victoires dont le Ciel se servait pour ramener les Français à leur rôle providentiel (1).

» Les illusions de l'Allemagne se sont évanouies. Il ne vous reste plus qu'un peuple d'esclaves, qui n'a plus rien à espérer que du triomphe de la France. Or, n'oubliez pas que six cent mille soldats ou mobiles, comme ceux qui enlevèrent le plateau d'Auvours sous une grêle de mitraille, suffiraient pour précipiter toutes nos armées dans le Rhin ; car je crains bien que nos glacis d'Alsace-Lorraine ne nous rendent un fort mauvais service. Tenez, c'est un pressentiment que je vous conseille de consigner sur vos tablettes !

---

(1) Les ravages du phylloxera et des inondations complétant, dans le Midi, l'œuvre d'expiation commencée par la guerre, sont comme un nouveau soufflet donné à la science blasphématoire de l'Institut qui se voit réduit à constater que son impuissance égale ici son ignorance, aussi bien qu'en présence des phénomènes surnaturels que les *hommes de l'art* n'ont pu que constater, chez cette célèbre stigmatisée qui a tant fait jaser les *savants* de la libre pensée.

Il est bien digne de remarque aussi que c'est le *Magenta* qui a été choisi, dans la Méditerranée, pour célébrer par une sinistre explosion l'anniversaire de la rentrée de l'*Orénoque*.

» Je sais bien que nous pouvons compter encore sur l'alliance d'un grand nombre de républicains français. Toutefois il ne faut pas oublier que les révélations du procès d'Arnim et autres, nous ont singulièrement nui à ce sujet ; car le public sensé ne peut plus se méprendre sur la complicité anti-patriotique de ces gens qui ne nous sont utiles qu'autant qu'ils peuvent nous servir en secret, et tout en criant à tue-tête contre les cléricaux. Leur lâcheté et leur insatiable cupidité contrastent trop visiblement avec l'héroïsme et l'abnégation des Catholiques français, pour qu'on puisse essayer de donner encore le change à l'opinion publique sans s'exposer à faire rire de soi.

» On a bien pu faire accroire aux badauds que l'ultramontanisme avait amoindri le génie français. Mais cette duperie n'est plus possible maintenant, en présence de l'influence de l'Eglise dans l'œuvre si difficile du relèvement moral de la France qui, grâce à l'indomptable énergie de l'élément catholique, redeviendra bientôt la reine du monde. Car il n'y a pas à compter sur une apostasie persistante qui serait, pour cette nation, le signe avant-coureur d'une annihilation définitive.

» Nous avons fait battre la grosse caisse et sonner toutes les trompettes pour accuser les cléricaux de pousser à la guerre. Or, tout cela fait fiasco, parce que les accusateurs que nous tenons à gages, en France, appartiennent à la catégorie des *outranciers* et qu'il est très-facile d'établir, d'une manière péremptoire, que l'inconduite des gredins de libres-penseurs enlève à la patrie bien plus de soldats qu'il n'en faudrait pour nous exterminer en batailles rangées. Au reste, Bismarck lui-même n'a pas caché à Jules Favre que jamais les Français ne pourront se résigner à oublier Sedan, pas plus que Sadowa. Le formidable conflit, pressenti de toutes parts, ne saurait plus être ajourné que par la reddition de l'Alsace-Lorraine qu'on nous enlèvera par la guerre ; ce qui sera l'affaire du héros, ou par voie diplomatique, œuvre d'un ministre rival et vainqueur de notre Bismarck qui n'est déjà plus qu'un soleil couchant, et auquel ses bévues monumentales présagent une fin peut-être encore plus bizarre que celle de M. Thiers, devenue la fable de l'Europe, et le jouet des diplomates étrangers qui affectent de prendre la « pauvre maison » pour une succursale de cette vieille commère qu'on appelle « l'*Agence Havas.* »

Cette appréciation paraîtra peut-être un peu hasardée. Elle n'a pourtant rien que de très-conforme à la réalité des choses. En effet, depuis sa victoire sur la France, Bismarck a joué officiellement le rôle de faussaire et de niais, en insultant le Pape et les Catholiques, à la manière d'un rédacteur du *Siècle* et autres Prussiens de Paris qui ont vendu leur patriotisme à Guillaume le franc-maçon (1). Il a tenu un langage et une conduite tels que rien de pareil ne s'était encore jamais vu. Il semble être comme fatalement poussé à détruire son œuvre.

La *République démocratique et sociale* disait, il n'y a pas longtemps :

« Nous félicitons cordialement nos frères d'Allemagne. Avant quelques années d'ici ils seront en république; car M. de Bismarck, qui a cependant créé l'empire allemand, est en train de lui administrer le dernier coup....

» Aux dernières élections, c'est par 800 mille qu'on les a comptés : tous savent manier les armes, tous savent faire la guerre....

» Si la campagne est bien menée, la victoire est certaine. »

Voilà ce qui explique pourquoi Nobiling s'est passé la fantaisie d'aller mettre du plomb dans la tête du vieux franc-maçon Guillaume.

On dirait réellement que Bismarck n'a plus conscience de ce qu'il fait, ou qu'il a hâte d'en finir avec les futilités fastueuses d'une puissance d'emprunt qui ne lui laisse en propre que des dégoûts et la douleur aiguë causée par la goutte.

« Périsse l'empire ! semble-t-il s'écrier, pourvu que l'agitation du monde empêche mon *maître* et l'opinion publique de me condamner au repos. Qu'ai-je besoin d'un Empereur que j'ai fait ? Que m'importe la haine ou l'affection d'un populaire qui ne sait que trembler devant moi ? Une ovation de second, une statue de ministre :

---

(1) Guillaume de Prusse est *franc-maçon* et *grand-maître* du rite écossais ; c'est-à-dire le chef hiérarchique de son affilié le duc Decazes, et successeur du père de notre Kadosch ministériel. Etonnez-vous après cela de certaines complaisances énigmatiques !

un bronze plus ou moins bien fondu, représentant un subalterne, qui me fera ressembler à un pygmée devant le Guilaume *Arminius* qui, sans moi, ne serait encore qu'un roitelet de bas étage!... Voilà grand'chose pour un Bismarck... Mieux vaudrait être capucin! Car il ne me reste plus rien de bon à espérer. Le royaume des taupes pour fin dernière ou aller chez le diable, si les Catholiques ont raison; c'est quelque chose de bien hêtant, n'est-ce pas donc?... »

Il n'y a rien d'étonnant à ce que Bismarck ait si profondément senti le vide insipide de cette comédie de la vie hérétique; car le protestantisme, fortement pressé, ne laisse dans l'âme que l'horreur du caveau ou les terreurs de l'avenir.

Je vous trouve bien savant sur la *mythologie chrétienne*, disait Bismarck au commencement de 1875, en s'adressant à un farceur de comédien qu'il avait invité à faire bonne chère. Il disait cela par forme de gouaillerie, en parlant du catholicisme; mais le hulan qui avait ouï, sans prendre part au fricot, s'est dit à son tour: Hum! qu'est-ce que cela me présage?... Et les pauvres pioupious qui remplissent cette immense caserne qu'on appelle l'*Empire d'Allemagne*, y ont pensé eux-mêmes pour leur propre compte. Ils ont compris que la vie d'autrui n'a rien de plus précieux que la leur. Ils se sont vus grelottant, l'arme au bras, à la porte de ceux-là seuls qui profitent de la victoire; car, en Prusse, la plupart des citoyens ne connaissent de la patrie que ses rigueurs de marâtre. N'ayant d'autres chances à courir au service que de recevoir un coup de baïonnette dans le ventre, ou de se faire fendre la tête d'un coup de sabre, pour la gloire du chancelier goutteux qui affecte de ne voir dans le soldat que de la chair à canon, il leur a semblé que tout cela est en soi quelque chose d'assez bête quand on a pas le ciel en perspective. Ils ont agité cette question et bien d'autres encore pendant ces longues heures de faction, dans le silence de la nuit où l'homme a coutume de juger de toutes choses d'après leur valeur intrinsèque; puis, chacun s'est mis à maudire cette Prusse où le Catholique n'a plus permission d'aller à la messe, et où le patriotisme perd son action sur l'homme que dévore le doute. Aussi à propos de la révision du *Code pénal* dont Bismarck veut faire compléter l'armement, le ministre de la justice a été contraint d'avouer en plein parlement que la Prusse tourne à l'abrutissement.

Comme messieurs les boulevardiers pourraient affecter de ricaner à ce sujet, je vais mettre ici sous les yeux des lecteurs un détail assez intéressant pour les hommes qui s'imaginent que le soldat, au printemps de la vie et en attendant les tueries de la guerre, ne doit rien connaître de mieux à faire que de refouler en lui-même ses affections personnelles, tout en se condamnant à remplir les fonctions de geôlier au pays du mariage civil, et des naissances sans baptême à l'église.

Le bureau de statistique Engel, de Berlin, dit qu'il résulte du « rapport officiel du ministre de la guerre que cette année-ci (de janvier à septembre 1875), 82,418 soldats prussiens se sont rendus coupables de désertion. »

Ce symptôme non équivoque de dislocation devrait dessiller les yeux à Guillaume, le tyran ; mais il paraît que cette Majesté a dit dans son brutal orgueil : « J'irai jusqu'au bout, quand bien même ma couronne devrait être l'enjeu de la guerre d'anéantissement que Bismarck a déclarée au Catholicisme. »

Plusieurs, même parmi les sages, ne considéreront ces paroles blasphématoires que comme une simple forfanterie de vieillard ; mais si l'on interroge l'histoire de ces sortes d'aveuglements, elles apparaîtront comme le testament d'une puissance qui va disparaître.

Mais, ô vous tous (tas d'incapacités), vous qui êtes chargés de veiller au salut de la patrie, allez-vous-en donc, vous aussi, blaguer de la politique dans les banquets si vous ne voyez pas encore ce que nous avons à faire pour mettre la France à même de profiter des événements qui se préparent ! N'oubliez donc pas au moins que votre inepte imprévoyance a manqué de nous laisser surprendre, cette année même, comme un Failly campé à Beaumont au milieu de ses carrioles, sans paraître se douter du péril imminent où se trouvaient ses hommes (1).

---

(1) Il est certain qu'à la fin de cet hiver de 1875 nous aurions pu être surpris et horriblement mutilés si l'ours n'avait pas reçu à temps un vigoureux coup de trique sur le museau. Le secours inattendu qui nous a sauvés de ce danger, que nos hommes d'Etat avaient à peine soupçonnés,

Nos gouvernants ont perdu leur temps en discussions puériles. On a gaspillé des sommes énormes à maçonner des fortifications. Puis rien ne s'est trouvé prêt pour une campagne, lorque la *Fortune* est venue nous offrir la *revanche* dans les meilleures conditions possibles. Quelles chances pourtant! L'Angleterre nous choyait par peur pour ses Indes. La Russie était tenue en arrêt et soumise aux plus rudes épreuves dans sa guerre de Turquie. La France et l'Autrice n'avaient donc qu'à le vouloir pour forcer Bismarck à lâcher sa proie.

Au lieu d'agir alors nous sommes restés dans l'inaction tout juste aussi longtemps qu'il le fallait pour nous préparer le Sedan diplomatique waddingtonnisé au congrès de Berlin.

Voilà le chef-d'œuvre de notre transcendentale politique de cabaret, dont le prince de Galles nous a si plaisamment raillés en donnant un déjeuner de remerciement à Gambetta, pendant que le chef officiel du gouvernement faisait antichambre.

Hélas! quand donc comprendrons-nous que, sous le rapport militaire, la France n'a rien de bon à espérer que du champ de bataille?

Une grande victoire, comme celle qu'il ne tient qu'à nous de remporter, nous rendra les arbitres des destinées de l'Europe et du monde; tandis que nous serions perdus si les ennemis pouvaient encore nous refouler dans Paris. Car une expérience a prouvé que les ballons incendiaires suffiraient seuls pour rendre impossible la défense d'une ville assiégée.

---

contraste singulièrement avec ce qui s'est passé lors de la dernière guerre où le *Hasard* semblait avoir fait tout se coaliser contre nous, même le télégraphe, afin que la punition fut exemplaire. Cependant il n'est pas prudent de plaisanter avec un pareil état de choses, où nous jouerions le rôle d'un collégien qui, se reposant sur autrui du soin de faire son devoir, finirait par attrapper de vertes réprimandes, du pain sec et enfin une exclusion définitive.

Il est manifeste que le Français a le privilége incomparable d'être l'enfant chéri de la Reine du Ciel, et que cette bonne Mère veille sur nous avec la plus tendre sollicitude; mais l'on ne doit pas oublier que nous avons une mission à remplir.

Tous les peuples ne sont devant Dieu que comme de simples écoliers auxquels il faudra toujours des récompenses et des pensums : c'est la réponse qu'on peut faire à ces ricaneurs sceptiques qui prétendent que notre confiance en la Providence peut avoir pour effet de nous faire considérer la vie comme une sinécure.

Ce n'est là encore qu'une ébauche de ces milliers d'aérostats en papier qu'un gouvernement peut se procurer, avec une dépense relativement peu considérable, conformément aux indications que j'ai données dans mon second Mémoire, *Les Ballons incendiaires et la Révolution.*

Toutefois la réussite de cet essai suffit pour vous faire comprendre, Messieurs nos hommes à savantes formules, que désormais vous allez avoir à compter avec un engin d'une importance au moins égale à celle de la torpille. Quelle idée bizarre! direz-vous peut-être, avec cette nonchalance dédaigneuse qui semble devoir être l'apanage d'une compétence officielle. Mais alors vous devriez donc trouver aussi qu'il est bien ridicule de plonger de la poudre dans l'eau pour faire sombrer des navires solidement construits et blindés selon les règles de l'art? Vous aurez beau regimber contre ce manque de respect pour la science de l'Ecole, et ne pas même vous donner la peine d'affranchir vos lettres, vous n'en serez pas moins finalement obligés de vous incliner piteusement devant l'évidence de la réalité, en ce qui concerne cette invention, comme dans les questions *relatives à l'artillerie.* Votre trépignement involontaire, accompagné d'un mouvement convulsif de l'auriculaire, n'a rien de bien agréable pour une infatuation officielle toute chamarrée de galons. Mais il n'en chaut pas! C'est le tout petit désagrément d'une position dont les événements de 1870-1871 ne vous permettent plus de savourer les douceurs. Il faudra bien en passer par là. Il en sera pour vous absolument comme pour ces personnages de l'Institut de France, qui bénéficiaient si insolemment du respect et de l'immunité accordés à la science dont ils portent les livrées.

Là où l'enseigne dorée faisait se découvrir comme devant le sanctuaire vénéré de la science, il ne s'est trouvé bien souvent qu'un abject matérialisme et aussi un magasin de formules dont vous avez fait un usage si stupide, que tout cet ensemble de choses s'est traduit par l'annihilation complète de la plus illustre des nations. Dès lors vous comprenez bien, Messieurs, qu'il n'y a nulle impertinence à mettre la lumière sous le nez des docteurs dévoyés, pour les faire arriver à un résultat différent, en les forçant de voir clair, surtout quand il s'agit de ne pas se laisser battre, ou de mettre un terme à des extravagances voisines de la folie, comme celles de ce professeur de l'Institut qui s'est passé la fantaisie d'enseigner, au nom de la *science*, et de faire publier, dans la *Revue des Dèux-Mondes*, des monstruosités telles que celles-ci :

« Avant que la religion fut arrivée à proclamer que Dieu doit être mis dans l'absolu de l'idéal, c'est-à-dire hors du monde, un seul culte fut raisonnable et scientifique : ce fut le culte du soleil. Le soleil est notre mère-patrie, et le dieu particulier de notre planète ! »

L'homme n'est qu'une bête de la descendance du singe, nous a dit l'insolent et ignorant universitaire décoré, pensionné par l'Etat, et affublé de ce titre de *savant*, dont on fait un si scandaleux trafic dans les fabriques de diplômes. Mais le catholique qui sait le cathéchisme a répliqué : Pardon, Monsieur, ce n'est que votre ignorance qui est bête. Puis il a demandé et obtenu la permission de faire cette démonstration à l'Ecole supérieure.

Vous autres vous avez dit : Fortifions la Souricière, afin de pouvoir nous y réfugier quand l'ennemi paraîtra à la frontière. Et moi je vous dis : Vous faites là une des plus grandes fautes qu'il vous soit possible de commettre, car toutes les ressources du budget du ministère de la guerre devraient être dirigées du côté du champ de bataille. Plus tard, vous pourrez vous occuper des camps fortifiés ; mais il ne devrait plus jamais être question de transformer nos villes en souricières. Or, comme ce langage peut vous paraître très-déplacé, je vous prie de vouloir bien vous rappeler la curieuse histoire qu'on raconte au sujet de l'invention du jeu d'échec. Il n'y a point ici de coq-à-l'âne, puisque l'échiquier est une miniature du champ de bataille. Vous savez que l'inventeur n'était ni courtisan, ni docteur pensionné, ni homme de guerre. Ce n'était que le très-humble serviteur de tous ces gens-là. Seulement il avait eu une idée qui ne lui parut pas bête. Il lui sembla qu'elle pouvait être facilement transportée dans le domaine des faits. Il essaya et elle devint une réalité fort intéressante.

Tout alla bien jusque-là, mais il n'en fut pas de même lorsque l'inventeur s'avisa de faire connaître le parti qu'il prétendait pouvoir en tirer. « Cet homme est fou », dit le chef de l'Etat. Et, de leur côté, les « courtisans chuchotaient étonnés des singulières prétentions » de cet homme de rien. Mais celui-ci qui savait que ces sortes de dédains ne sont que les indices habituels d'une superbe incapacité, en fit le cas qu'il convenait d'en faire. Il se contenta de dire et de répéter : Essayez, essayez ! Il insista tant que son désir fut enfin pris en considération.

Le résultat fut tel qu'il l'avait prévu !

Le chef de l'Etat « se mordit la moustache de dépit », et les railleurs hébêtés se mirent à ronger le bout de leurs ongles.

Eh bien, Messieurs nos hommes à savantes formules, je vous dis, moi aussi : essayez ! puis, vous direz lequel de nous a tort ou raison.

Comme les mathématiques ne vous sont pas étrangères, je crois que la démonstration pourrait subir un travail de réduction qui la rendrait moins dispendieuse, sans rien lui ôter de son intérêt, attendu qu'un simple calcul de proportion suffirait pour lui donner toute la valeur technique de ces grandes expériences que messieurs les Prussiens ont faites, à si grands frais, en Alsace-Lorraine, et dont vous n'auriez pas été émerveillés si vous aviez su remarquer que ce mode d'expérimentation est tout à fait primitif (1).

Voici donc ce que je vous propose au sujet de l'artillerie.

Puisque, comme je vous l'ai démontré ailleurs, toute la défense d'une ville fortifiée ne repose en réalité que dans les quelques forts placés dans une même direction, construisez, sur une très-petite échelle, autant de forts que l'ennemi doit en rencontrer sur son passage avant de pouvoir pénétrer dans la place assiégée. Que les canons subissent la même réduction ; puis, faites avancer contre ces miniatures des canons ayant chacun deux affûts, et portant tout juste moitié plus loin que ceux de la défense. Après cela, faites foudroyer de part et d'autre pour savoir quel résultat vous devez attendre de la résistance des parois de la *Souricière*. Ne me dites plus que l'emploi de ces canons à deux affûts n'est pas pratique. Essayez ! et vous comprendrez, Messieurs les

---

(1) C'est comme les grosses lettres du syllabaire pour l'enfant, ou bien encore, comme un édifice en double exemplaire, de mêmes dimensions, dont un architecte prendrait l'un pour modèle de l'autre.

Compétents, que vous avez fait preuve d'une étourderie phénoménale; car enfin, est-ce qu'il est question ici de planter un tourniquet, ou de faire manœuvrer une pièce de campagne sur un champ de bataille? Est-ce qu'il ne s'agit pas uniquement de dresser des batteries fixes, en présence d'un point également fixe? Ne voyez-vous pas que, même avec un canon d'une seule pièce, mais reposant sur deux affûts, vous obtiendrez facilement une puissance double de celle des plus forts canons employés jusqu'ici? Or, il est évident qu'un canon, reposant sur quatre roues, ne sera pas plus difficile à transporter qu'un autre, moitié moins lourd, qui n'aurait que deux roues; puisque l'on peut confectionner des affûts spéciaux dont les roues ayant la forme de celles d'un wagon, pourront permettre de faire voyager ces monstrueuses batteries, avec autant de facilité que s'il s'agissait simplement d'un convoi de marchandises. Voyez donc avec quelle facilité nos employés du chemin de fer font manœuvrer dans les gares les plus lourds wagons!

Mais, direz-vous peut-être, est-ce qu'une partie de l'inconvénient relatif aux villes n'existerait pas pour les camps retranchés? — Si assurément; c'est pourquoi je ne vous ai jamais parlé que des camps fortifiés, qui en diffèrent essentiellement, et qui seront tels qu'aucune armée ne pourra essayer de les forcer sans s'exposer à un désastre. Le patriotisme ne me permet pas aujourd'hui de m'expliquer à ce sujet; mais je vous dirai tout cela, dès que vous aurez terminé les préparatifs du champ de bataille, car c'est là ce qu'il y a de plus de pressé.

Connaissant les dispositions hostiles des Commissions mixtes à mon égard, j'ai fait une réclamation qui a paru dans le grand journal de Nantes, numéro du 10 mai 1878, et dont j'ai adressé un exemplaire à Mac-Mahon.

Le *Journal de Rennes* a publié l'article suivant que plusieurs journaux ont reproduit sous ce titre :

LES CANONS GUIMARD.

« L'*Espérance du Peuple* et l'*Univers* ont été les premiers à attirer l'attention du gouvernement sur les travaux de balistique publiés en 1874 par M. Constant Guimard.

» Ce n'est pas ici le lieu de parler des démarches de l'auteur depuis 1871, pour faire accepter son invention par les commissions militaires chargées d'examiner ces sortes de questions. On peut voir ces détails dans la 3e édition du Mémoire : Les *Fortifications de Paris et les Armes nouvelles*, publiée en 1877, à la librairie Dentu, à Paris, Palais-Royal.

» Nous dirons seulement que le canon à plusieurs tubes, dont l'invention fut rejetée en France comme une utopie, vient d'être soumis à des expériences faites avec succès à Woolwich, comme nous l'apprend une correspondance du *Daily-News*, citée dans le *Journal officiel* du 28 janvier dernier, page 783. »

C'est bien, en effet, de mon invention qu'il s'agit. Mais l'auteur de cette correspondance paraît ignorer que, dans cette question, tout le mérite de M. le colonel Le Mesurier vient de ce que cet officier a su faire, en Angleterre, une application du principe de balistique que j'ai découvert, et qui se trouve développé dans mon Mémoire cité plus haut. Voilà pourquoi je vais mettre sous les yeux du lecteur le passage suivant que l'organe officiel du gouvernement français emprunte au journal de Londres :

« Une nouvelle bouche à feu de montagne, qui peut se démonter en plusieurs morceaux pour le transport, vient d'être construite à l'arsenal de Woolwich. Le principe sur lequel repose la construction de cette bouche à feu est dû au colonel d'artillerie Le Mesurier, qui avait été chargé d'étudier un canon de montagne destiné à remplacer le canon de 7 *livres* actuellement en service ; cette dernière pièce possède, en effet, un recul trop considérable, par suite de son extrême légèreté (200 *livres*) ; en outre, sa longueur d'âme est trop faible pour qu'elle ait une puissance balistique suffisante. Deux canons ont été fabriqués d'après le système du colonel Le Mesurier : l'un, appelé canon léger, a un poids total de 320 *livres* (145 *kil.*), et l'autre, dit canon lourd, un poids total de 570 *livres* (295 *kil.*).

» Ces bouches à feu peuvent se démonter en trois parties, ne pesant chacune pas plus de 200 *livres* (90 *kil.* 8), charge moyenne d'un mulet. La volée et la culasse forment deux pièces séparées qui peuvent, lorsqu'on le désire, être vissées l'une sur l'autre ; une patte porte-tourillons est vissée sur le joint, de manière à former un tout complet. Dans les expériences qui ont été faites à Woolwich, les différentes parties du canon ont été assemblées très-rapidement (en moins d'une minute), et il semble résulter de ces premiers essais que ces nouvelles bouches à feu sont des armes aussi bien établies que puissantes. »

Qu'on lise maintenant mon Mémoire et l'on verra que ce canon est tout simplement la reproduction du modèle dont je me suis servi pour mes expériences. Car mon petit canon se compose de 3 tubes, non compris celui qui fait partie de la culasse. Le support qui se démonte aussi séparément peut avoir la forme d'un trépied, lorsque les dimensions de ces sortes de pièces ne sont pas trop considérables ; pour les pièces de siéges, les supports sont tout différents, puisque chaque tube doit reposer sur un affût à roues. Ces tubes peuvent être forés et vissés de la même manière que ceux de la mitrailleuse spéciale que j'ai signalée comme pouvant être très-utile sur les montagnes ou dans les lieux marécageux.

Ayant soumis mon travail à l'appréciation d'un colonel d'artillerie, par l'intermédiaire d'un député à l'Assemblée Nationale à Versailles, voici la réponse qui me fut adressée dans le courant du mois de mai 1873 :

« L'idée de rajouter successivement des tubes les uns au bout des autres ne paraît pas pratique. Si elle est mise en avant par l'inventeur, c'est pour qu'on ne puisse objecter que la pièce faite d'un seul morceau sera trop difficile à obtenir et à transporter. Mais comment ces tubes seront-ils joints les uns aux autres ? Alors même qu'ils seraient vissés, pourrait-on obtenir que le joint résistât à l'action si puissante des gaz de la poudre ?... Quelle sorte d'affût pourrait supporter une telle pièce ?... Admettant même que l'engin ait pu être convenablement disposé pour le tir d'un premier coup, ne serait-il pas désorganisé par l'effet du recul ? »

Les réponses à toutes ces questions se trouvent dans mon Mémoire où elles prouvent que pour ce genre de canon, qui peut se composer de 2, 3 ou 4 tubes, et même d'un bien plus grand nombre, ainsi que je l'ai déclaré, il n'y a rien dont on puisse attribuer l'invention à M. Le Mesurier ; ni le « principe sur lequel repose la construction de cette bouche à feu, » ni même l'idée des tubes et des supports vissés.

A des gens qui éprouvaient une véritable démangeaison de critiquer cette invention « bizarre, » je me suis souvent contenté de répondre que ce canon à plusieurs tubes n'est point à dédaigner ; puisqu'il m'a si bien servi pour donner la solution exacte du problème le plus compliqué de la balistique moderne, et pour montrer tout le parti qu'on peut en tirer par des applications pratiques à l'artillerie.

Aujourd'hui il m'arrive ce qui a lieu presque toujours en pareil cas. On me conteste le mérite de l'invention pour en faire honneur à tel ou tel officier. Mais enfin qui donc avait songé avant moi à cette solution ? Qui en avait parlé avant que j'eusse adressé mes Mémoires aux autorités militaires ? Je suis le premier qui ai osé soutenir, en face des affirmations contraires de l'Ecole, que la longue portée est indépendante du calibre. Personne ne me croyait alors. Depuis les professeurs de sciences appliquées aux Ecoles d'artillerie, jusqu'aux Comités d'artillerie et les Commissions mixtes, tous les officiers croyaient, avec son Excellence M. le Ministre de la guerre, et le Chef du gouvernement lui-même, qu'il existait « entre le diamètre et la longueur du canon une relation parfaitement définie, » dont on ne pouvait « pas s'écarter, » et l'on sait que « la longueur de nos pièces de 7, » comme celle de toutes les autres, « a été établie d'après cette relation. » Bien plus, on enseignait que « l'accélération retardatrice qui provient de la résistance de l'air varie en raison inverse du diamètre du projectile. » Et ce fait prouve qu'une simple erreur de formule peut faire passer imperturbablement à côté de la vérité toute une catégorie d'hommes spéciaux pleins de science et d'esprit.

Même après avoir lu mon Mémoire, un officier des plus compétents m'écrivait de Paris, en février 1874 :

« Au point de vue théorique, il semble naturel que, dans un fusil ou une pièce d'artillerie, le projectile acquérant un accroissement de vitesse pour chaque instant qu'il demeure dans le canon, on n'ait qu'à augmenter indéfiniment la longueur de ce canon pour obtenir une vitesse incommensurable.

» L'expérience démontre malheureusement que dans la pratique les choses ne se passent point ainsi. »

Donc on n'admettait pas même en théorie que la force expulsive de la poudre pût lancer un projectile à une distance illimitée. Je savais pourtant bien que cette portée à n'importe quelle distance n'est pas seulement une hypothèse, mais bien une certitude. Toutefois, comme il n'est pas en mon pouvoir de faire cette démonstration en lançant un projecile à une distance infinie, je me suis contenté de faire connaître, dans la 3e édition de mon Mémoire, le résultat des expériences qui furent faites, au siècle dernier, pour démontrer la possibilité de prolonger, à une distance illimitée, la colonne brûlante obtenue par une très-ingénieuse combinaison de miroirs ardents.

Tout le monde dans l'armée connaît l'officier qui a pu pendant longtemps monopoliser, au profit des canons qui portent son nom, l'ensemble des communications faites au gouvernement par nos agents à l'étranger, et aux Commissions mixtes par les inventeurs qui venaient, de chaque coin de la France, apporter leur contingent d'idées nouvelles. Ces divers travaux représentaient à peu près toute la somme des connaissances techniques que la science d'alors paraissait pouvoir comporter. Le savant colonel pouvait donc croire très-sincèrement que les pièces d'artillerie dont il dirigeait la construction ne laissaient rien à désirer. Et le génie lui-même était convaincu qu'on ne pouvait pas obtenir de la longueur des armes à feu une plus grande puissance de pénétration et de portée, à moins de donner au calibre des proportions qui rendraient la manœuvre impossible. Mais la polémique animée qui s'engagea au sujet de mes Mémoires et qui piqua si vivement la curiosité, surtout des jeunes officiers, eut pour premier effet de faire paraître à l'*Officiel* une lettre de *condoléance*, fort remarquée, à l'adresse du célèbre constructeur. C'était M. le ministre de la guerre qui écrivait dans un style plein de courtoisie. Il employait une périphrase transformée en euphémisme, pour annoncer que les savantes formules de l'honorable colonel en question étaient appelées à faire valoir leur droit à la retraite, sans attendre l'écoulement de notre stock de gargousses. Mais le public était informé que nos canons de tous calibres seraient maintenus en activité de service en considération des gargousses qu'on ne peut pas laisser sans emploi.

En attendant que les finances et l'épuisement de ces munitions aient rendu au ministre de la guerre toute sa liberté d'action pour l'exécution complète du travail de transformation que j'ai indiqué dans mes Mémoires, je commence par revendiquer formellement le mérite d'avoir inventé le canon à plusieurs tubes, dont j'ai fabriqué moi-même le modèle, et d'avoir communiqué au gouvernement l'idée de perfectionnement de l'artillerie nouvelle qui parut à la revue des troupes à Paris, au mois de juillet 1877.

CONSTANT GUIMARD.

Il n'est pas difficile pour les personnages dont l'amour-propre est ici en jeu, d'embrouiller cette question de manière à ce que la plupart de ceux qui les écoutent n'y voient que feu. Mais je suis à même de dire à ces *hommes à savantes formules* que je les défie de m'adresser une réfutation de mes Mémoires.

Soyez sûrs, Messieurs, que si vous nous aviez mieux protégés contre l'ennemi, je n'aurais jamais voulu me permettre de traiter ces sortes de questions ; pas plus que je ne m'occuperais de politique, si nos ineptes politiciens n'avaient pas laissé transformer le gouvernement en une sorte de bateau à soupape. Mais puisque vous avez si mal répondu à notre attente, ayez au moins assez de patriotisme pour vous laisser dire la vérité. Rengaînez vos dédains si vous voulez qu'on pardonne à votre incapacité, car nous subissons tous les conséquences de votre ineptie qui nous expose encore aux plus grands dangers. Je sais bien que cette résignation doit coûter beaucoup à l'amour-propre quand on est habitué à exiger impérieusement le respect dû au grade, et cette obéissance passive sans laquelle l'autorité militaire serait le plus souvent illusoire ; mais enfin il est encore moins humiliant de laisser un Français quelconque s'exprimer librement que de recevoir la leçon de l'étranger avec accompagnement de coups de crosse de fusil. D'ailleurs vous savez bien, Messieurs, que mes premières relations avec vous étaient aussi respectueuses que possible, et que ce sont vos doutes affectés et vos procédés rebutants qui m'ont forcé à changer de langage et à vous traiter publiquement comme vous le méritez (1). Vous vous êtes fâchés, mais ça ne fait rien; vous serez vous-mêmes convaincus plus tard que j'ai eu raison de forcer ainsi la consigne, comme pour entrer dans une maison où l'action du carbone réduit les habitants à l'impuissance d'ouvrir la porte. Et puisque cet ouvrage doit être livré à la publicité, je vais rappeler ici une anecdote que tout le monde ne connaît pas et que vous avez peut-être oubliée.

Il y avait au siècle dernier un savant nommé Buffon. C'était un grand seigneur de fort bonne mine, comme quelques-uns d'entre vous. Il avait de vastes connaissances qui lui ont valu le titre de « secrétaire de la nature ». Sa science était en renom dans toutes les parties du monde civilisé. On la tenait même en si grande considération que tous les envois au célèbre naturaliste français eurent le privilége d'être respectés de nos ennemis pendant les guerres de ce temps-là ; ce qui permit au roi de recevoir des avis secrets et importants qui n'auraient pu lui parvenir sous n'importe quelle autre adresse.

Cette science pleine d'agréments laissait toujours entrevoir quelques charmes encore inconnus. Elle n'apparaissait qu'au milieu des enchantements de la poésie et brillait d'un éclat incomparable; aussi, notre illustre gentilhomme se faisait-il un point d'honneur de ne l'aborder jamais qu'en costume de cérémonie et l'épée au côté, tel qu'il voulait que la renommée le présentât, à la postérité, en faisant le récit de ses nobles travaux.

Toutes les nations nous enviaient la gloire de cette illustration et pourtant ce grand homme avait une faiblesse qui n'est guère excusable que chez les tout petits enfants. Il offrait chaque matin le curieux spectacle d'un berger qui ne peut s'arracher au lit pour aller au champ. Or il arriva par hasard qu'un certain Joseph se trouva chargé de secouer cette haute seigneurie endormie. Le pauvre garçon y mit toute la bonne volonté possible, et néanmoins malgré tous ses efforts, il ne parvenait ordinairement qu'avec peine à triompher de la résistance de Monsieur.

---

(1) Si j'en agissais autrement, ceux-là mêmes qui se plaignent le plus haut me reprocheraient un jour mon manque de courage dans une question où il s'agit du triomphe de la patrie.

Les choses allaient ainsi depuis quelque temps, lorsqu'une fois, ne sachant plus comment faire, Joseph s'avisa de mettre de l'eau fraîche dans un vase et de la jeter à la face du dormeur récalcitrant.

La chronique nous dit que ce procédé eut un plein succès ; mais elle nous fait grâce des détails que du reste on devine assez.

Une manière d'agir aussi impertinente aurait pu avoir de très-fâcheuses conséquences si le haut personnage en question eût été tel ou tel de nos modernes libéraux. Mais M. le comte de Buffon était plein de magnanimité, et n'avait besoin que d'être bien éveillé pour entendre raison ; aussi, dès que le quart d'heure d'émotion fut passé, il appela son brave serviteur et, loin de le gronder, il lui dit très-gracieusement merci, comprenant que ce n'est pas rendre un petit service que de forcer à travailler pour la France.

Cet appauvrissement de la volonté par une somnolence qui peut si facilement envahir même une brillante existence, est l'image de l'état qui n'est malheureusement que trop naturel à nos hommes à savantes formules, ainsi qu'à cette nombreuse catégorie de désœuvrés qui paraissent n'avoir pas d'autre occupation sérieuse que de lire les journaux.

Le goût des fadaises suintantes de matérialisme produit un si fâcheux effet dans ce qui forme aujourd'hui le caractère boulevardier, qu'une partie considérable du plus énergique des peuples semble n'être qu'un attroupement de *pouponneaux* qui ne veulent plus entendre que le zézayement de « Bobonne, capitaine de cavalerie. »

Hélas ! que faut-il donc de plus pour faire comprendre la nécessité d'un pouvoir capable d'assainir la presse et de réduire le journalisme à son véritable rôle, ainsi que la tribune ?

Le journalisme et la tribune constituent aujourd'hui une sorte de féodalité mille fois plus tyrannique que celle du Moyen-Age.

On est tout stupéfait en voyant comment certains souverains se sont laissés traiter par leurs vasseaux, car c'est le monde renversé. Mais que voit-on en ce moment ?... Des chefs de gouvernement auxquels l'opinion fait jouer le rôle de girouettes ! Ils sont chargés de diriger l'opinion publique et de donner le ton au monde civilisé. Eh! on les voit passer une grande partie de la journée à consulter *le mouvement des journaux*, afin de savoir si cette seigneurie moderne permet de tourner à droite plutôt qu'à gauche; ou si elle réclame un mouvement de conversion vers les centres qui sont la région des calmes plats rendus célèbres par l'*Histoire de la Courte Paille.*

Or comme la tribune, autre seigneurie non moins capricieuse, forme avec la presse deux redoutables écueils, escortés de maints récifs, au milieu de l'archipel orageux des folies humaines, il en résulte que le pauvre navire *Etat*, accompagné du requin radical, est emporté par mille courants divers, qui ne cessent de le faire pirouetter, jusqu'à ce qu'un *crac* sous-marin vienne transformer en épaves tout le bagage constitutionnel de la gabare gouvernementale, d'où le bon sens français, et la dignité de l'homme, sembleraient avoir été bannis, à perpétuité, par un article de la constitution républicaine.

Messieurs nos souverains, vous vous conduisez comme une bande d'écoliers indisciplinés, sans paraître vous douter que toute assemblée qui veut être respectée doit commencer par se respecter elle-même. Vos séances ressemblent parfois à ces soirées de cabarets forains, où l'on gueule à tort et à travers, en faisant un vacarme de tous les diables, ou bien encore à ces scènes d'amphithéâtre où les carabins font une ovation à leurs *Rougets* universitaires, qui professent sans vergogne le plus grossier matérialisme, comme le général FAIX-D'HERBE, qui attribue l'origine de l'homme à la génération spontanée d'une espèce d'herbier animal (1).

Ouvrez le *Moniteur*, au hasard, et vous trouverez ici :

« M. VILLAIN. — C'est honteux pour l'Assemblée! (Exclamations et cris : A l'ordre!)

» M. LE PRÉSIDENT. — Je rappelle à l'ordre l'interrupteur.

---

(1) Il suffirait de lire cet *Essai sur la langue poul, grammaire et vocabulaire*, par le général Faidherbe, *président* de la Société d'Anthropologie de Paris, et autres folies de ce genre, pour s'imaginer que les plus stupides extravagances, en fait de matérialisme, sont un titre suffisant aux distinctions universitaires, ou à la présidence de quelqu'une de ces sociétés *savantes*, qui sont l'opprobre de la science.

» Voix à gauche. — Tous ! tous ! (Bruit et applaudissements.) »

Ailleurs vous verrez ces exclamations :

« Parlez ! parlez ! »…. « Non ! non !! »…. « Très-bien ! »…. « Bravo ! bravo ! »

« M. le Président. — Je vous rappelle à l'observation du règlement. » (Vives réclamations.)

Un député. — « Le règlement n'a pas pu prévoir les questions d'honneur ! »

Un autre. — (Entre les lignes.) Et les chiquenaudes ?… Aïe ! aïe ! aïe !!

Un député. — « Vous ne m'effrayerez pas, soyez tranquilles ! »

(Plusieurs députés libéraux causant entre eux de manière à ne pas être entendus des sténographes.)

« Nous sommes perdus !… Il faut les huer ! »

Hein ! hein, hein… Des places !… (Reproduction non officielle).

Bruit confus : — « Silence, Messieurs, silence ! »

Dans ma première édition, je terminai ainsi ce passage :

Voilà le bouquet du parlementarisme.

Préparez les urnes, Messieurs les conservateurs, car le bûcher s'allume.

Depuis il y a eu à la tribune d'autres incidents qui forcent de réclamer l'emploi du balai.

Feuilletez encore le *Moniteur*, et arrêtez-vous à un endroit où il y a des taches d'ordure.

Gambetta est à la tribune, *abrrrutissant* tout le monde. Paul de Cassagnac riposte. Gambetta s'emporte et lui jette au visage la « pourriture » de l'empire.

C'était un cartel tout à fait républicain ! Paul se fâche. Il trousse sa manche, plonge la main dans le « fumier » de la « république », et vous en placarde la face de son borgne, au risque de l'aveugler, ce qui aurait causé beaucoup de chagrin au faussaire Grévy, le plus *honnête* des fabricants de fausses dépêches *officielles* (1).

---

(1) Ce Jules Grévy, *président*, avait été le complice du sous-préfet de Dôle, dans la scandaleuse affaire des dépêches du 11 et du 12 septembre 1870, pour s'assurer le succès d'une élection.

Il est inconcevable que le peuple consente à payer tant de millions pour ces bouffonneries politiques, qui font souvent perdre à nos représentants le sentiment de leur responsabilité; ce qui donna lieu un jour à cette lettre du général Changarnier :

« Cher Collègue,

» Lors de la constitution des bureaux, la plupart des conservateurs étaient absents. Dans deux bureaux où, présents, ils auraient eu la majorité, pas un, pas un seul d'entre eux n'a paru.

» Cette coupable négligence décourage les conservateurs de Paris et des départements en leur faisant douter de la force du parti de l'ordre dans le Sénat.

» La session dite extraordinaire aura de graves questions à résoudre. Nous regretterions amèrement votre absence.

» Un jour, elle serait plus amèrement regrettée par vous et par les héritiers de votre honorable nom.

« Général CHANGARNIER. »

L'*Union* elle-même, malgré sa modération bien connue, a cru devoir s'en mêler à son tour, pour morigéner ainsi nos *souverains* des deux grands *Pensionnats politiques* de Versailles, qui font trop souvent des escapades de *lycéens* mal surveillés :

« Les sénateurs conservateurs ont-ils été nommés pour ne pas assister aux séances, être absents des Commissions, ne point prendre part aux votes, et, par ce moyen, faire les affaires des républicains?

» Bon nombre s'imaginent probablement qu'un titre de sénateur confère des honneurs, donne droit à des appointements, mais n'impose aucune obligation.

» Ils ont leur fauteuil au palais de Versailles comme on a un fauteuil au Théâtre-Français ou à l'Opéra. Ce fauteuil leur appartient, et ils prétendent l'occuper ou le laisser vide au gré de leur caprice.

» Tel se dispense de prendre le chemin de fer de Versailles parce que le temps est brumeux, tel autre parce qu'il a une visite à faire, tel autre encore parce qu'il a été invité à une partie de chasse.

» Et pendant que celui-ci suit une piste, que celui-là cause agréablement dans son salon, que le troisième reste douillettement pelotonné au coin de son feu, la minorité républicaine s'empare des bureaux et met la main sur les Commissions.

» Puis, le soir d'une défaite, l'absent de la droite, pérorant dans un petit cercle d'intimes, signale avec conviction le péril du radicalisme, déplore amèrement l'indifférence et l'apathie des conservateurs.

» Où allons-nous? s'écrie-t-il ; que deviendrons-nous si la majorité conservatrice du Sénat vient à disparaître !... Le flot démagogique monte, monte sans cesse, envahissant une à une les assises de la société, etc., etc. !

» Tout cela est judicieusement exprimé, mais

Tire-nous d'abord du danger,
Tu feras après ta harangue.

» Aujourd'hui, le Sénat a procédé à la nomination de l'importante commission des finances. Sur 17 commissaires, 10 appartiennent à la gauche. Or, dans le 4e bureau, les répubicains ne l'ont emporté qu'à la majorité d'une voix, alors que quatre membres de la droite étaient absents ; et, dans le 8e ils ont également bénéficié de huit absences conservatrices. »

Mais, bah !... ces messieurs oublieront bien vite, au milieu des fêtes, ces petits incidents de la vie parlementaire. S'en tracasser ?... Bon pour la roture...

C'est de bien meilleur ton d'aller passer son temps au billard, ou à faire ces vers, de diverses formes, qu'on voit fourmiller çà et là sur toutes sortes de matières politiques. On va ensuite chevaucher au *Bois de Boulogne*, ou goûter les charmes d'une belle promenade, sous les frais ombrages des tilleuls en fleurs, avec quelque flatteur banal.

Ces douceurs de la vie publique, convenablement rétribuées, ne sauraient évidemment entrer en parallèle avec l'assistance régulière à des séances ennuyeuses, où la plupart de nos blagueurs de salons ne peuvent avoir que la valeur d'une unité quelconque. Etre si peu de chose comme *homme d'Etat*, et si important personnage partout ailleurs qu'au Parlement !... Se dévouer corps et âme à la patrie, comme un simple enfant du peuple ! Allons donc !... C'est de l'exagération. Ce n'es pas savoir vivre selon *son rang*. Ce serait une corvée intolérable pour *des gens comme il faut*.

On dirait en effet que certaines personnalités ne sont en place que pour recevoir des compliments, et festoyer avec des convives qui se croient quelquefois obligés de payer, en admiration prolongée, l'honneur de dîner en compagnie de quelqu'un de ces souverains, ou seulement de pouvoir faire cortége autour de sa voiture de gala.

Ce déplorable état de choses produit une sorte d'anémie gouvernementale, empirée par des accès de fièvre révolutionnaire. Aussi, M. le comte Franz de Champagny a-t-il bien raison de dire à ce sujet :

« Rien n'est plus triste et même plus funeste que de voir les instincts honnêtes se mettant involontairement au service du mal...

» J'oserai même soutenir que l'homme individu, si imparfait qu'il soit, vaut mieux que l'homme collectif. Pourquoi nos deux Assemblées de 1848 et de 1871, dont les membres en général étaient doués de tant d'honnêteté et de tant de lumières, ont-elles cependant abouti à d'aussi pauvres résultats? Un seul homme, représentant la moyenne de savoir et de bonnes intentions de ces Assemblées, eût sans contredit fait beaucoup mieux qu'elles. » Et cela, dit-il en finissant : « parce que ses délibérations avec lui-même ou avec les amis qu'il eût jugé à propos de consulter n'eussent pas été interrompues par trois ou quatre interrupteurs de profession, par le bruit des couteaux de bois et par le va-et-vient des indifférents. Est-ce vrai partout? Cela est vrai au moins en France. Notre nation n'est point parlementaire. »

Et l'une des meilleures preuves qu'on puisse en donner, c'est l'exemple de ce Maréchal de France, cette brillante illustration militaire que le parlementarisme a si complétement ahuri qu'il ne lui a pas même laissé l'instinct de sa conservation et la dignité d'un otage; ce qui a fait dire à un publiciste célèbre :

« Que n'a-t-il demandé conseil dans les derniers villages de France? »

Hélas! la postérité se refusera peut-être à croire ce que nous avons vu :

« Le Maréchal, en proie à la plus vive émotion, devint d'une pâleur extrême, pencha la tête et se mit à fondre en larmes. Puis, ce premier mouvement passé :

« A l'unanimité vous m'assurez, dit-il au Conseil, que j'ai encore un devoir à remplir. Je suis *forcé* de vous croire. En le remplissant, je vais sans doute perdre, aux yeux de ceux qui me connaissent, toute ma dignité et une partie de mon honneur. J'aimerai mieux être fusillé que de prendre la résolution que vous m'indiquez. Cependant, j'aime assez mon pays pour lui sacrifier, je ne dis pas ma vie, ce qui est fait, mais la dernière parcelle de mon honneur. »

Puis une « scène d'une violence inouïe s'ensuivit, dans laquelle le Maréchal chercha vainement à s'interposer. MM. d'Audiffret-Pasquier et Batbie se traitèrent réciproquement d'impertinents et d'insolents », avec toute l'expression théâtrale de *Vadius* et *Trissotin*, s'envoyant au diable, ou « rue Bassano, 17. »

En se retirant, le Maréchal, « se retourna les larmes aux yeux pour dire aux membres du cabinet de discussion : « On prétend qu'il y a de mauvais garnements qui veulent attenter à ma vie. Ils me rendraient un fameux service s'ils me débarrassaient d'une existence qui m'est à charge. » Quel *Sedan* parlementaire !...

Et le « lendemain le ministère Dufaure était fait. » C'est-à-dire le régime de la violation en permanence des lois constitutionnelles et autres, même pour décorer des sénateurs et des députés républicains; la révocation en masse des fonctionnaires dévoués qui avaient cru à la parole d'honneur de Mac-Mahon ; la suppression des institutions congréganistes dont les écoles laïques ne peuvent soutenir la concurrence, malgré le favoritisme de l'Etat et les dépenses énormes qu'il impose aux contribuables ; l'effacement du gouvernement conservateur devant l'omnipotence du radical borgne (1) ; ce qui était la conséquence inéluctable d'une ineptie gouvernementale qui, sous prétexte de libéralisme, avait laissé inonder la France d'écrits comme cette petite brochure de 15 pages où il est dit :

« Donc la première autorité, c'est la Chambre. »

Le populaire a cru que c'était vrai, puisque le Chef du

---

(1) Gambetta, dans sa tournée *présidentielle* de 1878, a montré le drapeau rouge comme celui de l'avenir de la France, mais il a tenu dans l'ombre le spectre de la guillotine, ce qui donne à son programme radical toute la difformité de son visage où il manque un œil.

gouvernement et le Sénat le laissaient dire et afficher publiquement. Et le *Peuple* n'était que logique lorsque, dans son article du mois de novembre 1877, il disait, au nom de la majorité radicale de la Chambre et dans le langage des exécuteurs d'otages :

« L'œil à quinze pas et le petit doigt sur la couture de la culotte... une... deusse... et sautez-moi là-dessus !...

» Nous avons la craie à la main, et nous marquerons les coups. »

Pendant ce temps-là, le *Républicain* proposait, aux hurlements de la canaille, le bout de chanson que voici :

Les concessions, c'est Capet raccourci.
La résistance, c'est Mac-Mahon amoindri.
Lequel vaut mieux, Seigneur ?....

A cette question, le Chef du gouvernement ne répondit que par des pleurs. C'était pourtant le vainqueur de la Commune. Il aurait dû savoir quel langage on doit faire entendre à la canaille, et le cas qu'on doit faire de cette tourbe des grandes villes, que la peur rend capable de tous les forfaits et de toutes les platitudes.

« Tout à l'heure, disait un aide-de-camp de Mac-Mahon, j'accompagnais le Maréchal sur les boulevards. Vous ne sauriez imaginer les transports de joie, l'ivresse, l'enthousiasme de tous ces bourgeois. Le Maréchal ne pouvait avancer. On embrassait littéralement ses bottes et le poitrail de son cheval. Cela me donnait des nausées, quand je songeais qu'il y a huit jours les mêmes gens acclamaient par peur les généraux galonnés de la Commune. »

C'était en 1871 que cette scène avait lieu, et aujourd'hui, en octobre 1878, le sauveur de Paris est réduit à signer une réclame électorale en faveur de cette République bellevilloise du franc-maçon Gambetta, qui n'a plus besoin que de quelques mois pour le faire traîner, comme une curiosité, par les rues de la capitale tombée de nouveau au pouvoir des communards qu'on rappelle de Nouméa.

Voilà ce qu'a produit une prétendue légalité où les parlementaires ont comme emprisonné notre héros, qui semble s'être fait un point d'honneur de se laisser mettre ainsi dans l'impuissance de protéger la société contre le radicalisme, dont l'invasion s'étend déjà sur toute notre chère patrie et qui menace d'être avant peu le *gouvernement* légal du pays.

Les conséquences navrantes de cet inconcevable renversement d'idées, me rappellent une page d'histoire que je vais reproduire ici pour relever un peu le moral de Mac-Mahon, qui n'a besoin que de faire usage d'une de ses attributions pour redevenir maître absolu de la situation, quelles que puissent être les prochaines élections sénatoriales. C'est une manœuvre politique que je me charge de lui faire exécuter avec succès, comme bien d'autres, dès qu'il le voudra, pourvu qu'il ne laisse pas passer l'époque où expirent ses pouvoirs.

L'ennemi d'alors, comme le radicalisme aujourd'hui, avait fait une terrible invasion en France, et comptait déjà sur une nouvelle victoire, très-prochaine et définitive, qui allait faire passer le pouvoir aux mains des étrangers.

Le danger était immense et la consternation générale, lorsque parut un homme qui apportait au Chef de l'Etat une énergie indomptable et une aptitude spéciale pour la lutte suprême devenue inévitable. C'était le breton Bertrand du Guesclin. « Il prit la guerre au sérieux, nous dit l'historien, et la fit bonne et rude. Dès qu'il se trouvait en campagne à la tête d'une troupe de gens d'armes, il ne connaissait plus d'autre but que le succès ; la force ou la ruse, tout lui était bon. » Et c'est là surtout ce qu'il faut dans les combats politiques contre le radicalisme.

« Quoique terrible sur le champ de bataille, il aimait de prédilection les surprises nocturnes, les embuscades, les stratagèmes où se déployait son esprit inventif; il aimait à combiner les mouvements, à étudier les accidents de terrain, à mettre à profit toutes les circonstances qui pouvaient influer sur le sort des armes. Il voyait dans la guerre une science et non un jeu de hasard; c'était rendre la vie au génie militaire de la France, étouffé » sous une certaine « chevalerie de théâtre », comparable à cette stratégie de tribune et de journaux, à laquelle nous sommes redevables de l'immortelle campagne de 1870-1871, qui pourra être citée dans l'histoire comme le chef-d'œuvre des capitulations et des déroutes classiques.

sailles, un peu avant l'heure des séances du Parlement, on jouit du plus singulier spectacle.

Au milieu d'un immense va-et-vient vous voyez six ou sept cents personnages qui passent fièrement devant la statue équestre du grand Roi couronné de lauriers. Quelle brillante collection de *souverains* ! Jamais Louis XIV dans toute sa gloire n'en avait vu un pareil nombre, qui suffirait pour remplir tous les trônes du monde.

Oh ! dit peut-être alors l'étranger, qu'elle doit être bien gouvernée cette nation si féconde en législateurs, illustres produits d'une vigoureuse culture intellectuelle !

Il est certain en effet qu'on pourrait être tenté en ce moment de prendre au sérieux les fictions parlementaires que 89 a mis en vogue. Car en théorie rien ne saurait être comparé à ce mode de gouvernement représentatif qui doit exclure l'arbitraire et mettre en jeu tout le mécanisme de ces puissantes cervelles d'*hommes d'Etat*. Mais cette admiration de surprise disparaît bien vite devant la triste réalité des faits. Il suffit de pénétrer dans le sanctuaire des délibérations de ces dieux de la terre, pour être surpris et même indigné de voir qu'un immense éclat de rire ne vienne pas mettre fin à cette comédie du parlementarisme, tel qn'il se pratique de nos jours.

Vous croyez avoir compté au moins 650 personnages élus qui doivent être l'élite de la nation. Eh ! à votre grand étonnement, vous vous trouvez tout à coup en présence d'un troupeau de peureux et autres je ne sais quoi, qui obéissent servilement à tous les caprices du fils de cet EPICIER de Cahors, Dalmate italianisé, qui ne s'est pas même donné la peine de se faire naturaliser français en venant lever boutique chez nous. C'est toujours, comme dit le proverbe, même en ce siècle de progrès, de lumières et d'indépendance :

Dans le royaume des aveugles les borgnes sont rois.

Ce qu'il y a là de plus humiliant, c'est que ce borgne n'est point un glorieux blessé du champ de bataille. C'était tout simplement, il y a quelques années, un jeune avocat sans causes, ayant à peine de quoi payer sa pension et manquant souvent de faux-col. C'est un franc-maçon enrichi par nos désastres, qui a maintenant son hôtel à Paris, comme un GRAND SEIGNEUR, et où il s'amuse à faire pleurer le Maréchal et à mettre en émoi tout le pauvre petit peuple de fonctionnaires officiels. Car rien ne s'est amélioré chez cet autocrate de Tours et de Bordeaux, toujours prêt à faire « sauter la Banque de France » pour avoir de l'argent ; et qui, sans mandat *légal*, posait en dictateur, supprimant d'un trait de plume les Conseils régulièrement élus, et les remplaçant *illégalement* par des Commissions, sans plus de formalités que s'il s'agissait tout bonnement, pour le Soldat-Président, de faire sauter par les fenêtres un Parlement radicalisé, qui a publiquement violé la Constitution, et qui veut absorber les pouvoirs présidentiels, antérieurs et supérieurs à la nouvelle organisation républicaine.

Oh ! quelle honte pour la France de Rocroi et d'Austerlitz !... Des représentants de la nation qui se laissent *abrrrutir*, par des extravagances de tribune, comme ces vulgaires préfets du franc-maçon Marcère, qui vont tout exprès à Paris pour baiser la botte de Gambetta dont ils semblent n'être que les vassaux !...

De pareils faits et bien d'autres de cette nature, dont nous sommes témoins, donnent pleinement raison à M. Rouher lorsqu'il dit : « Tous les sentiments qui m'animent, tout ce que j'ai d'études et de réflexions me crie que jamais la nation n'acceptera la République comme gouvernement définitif.... Plus la République sera la République, plus inexorable sera le jugement, » lorsque la patrie aura été suffisamment instruite « par l'expérience des crimes et des imbécillités de la République-mère. » Et M. Thiers lui-même ne fait que confirmer ce jugement, dans sa gasconnade d'Arcachon ; car, bien que l'art de mentir soit sa spécialité, il lui est échappé de faire comprendre que nous pouvons attendre de la monarchie traditionnelle toutes les réformes utiles au pays. « Regardez sur tous les trônes de l'Europe, s'écrie-t-il, et vous verrez qu'il n'y a pas un prince qui ne se soit occupé à réformer ses Etats sous les rapports sociaux, administratifs et politiques ! Tous se consacrent à cette œuvre méritoire. » Il aurait pu ajouter avec un de nos hommes politiques qui se distinguent le plus par le patriotisme et la noblesse des sentiments : « Le roi n'abdique pas. Il demeure l'espoir de l'avenir. » Car le drapeau d'Henri signifie : « L'honneur français à déployer, et notre rang à recouvrer dans le monde, la

Quelle pitié de voir nos généraux attendre l'inspiration des interminables bavardages de la tribune et chercher des plans de campagne dans les colonnes d'un journal !

Néanmoins nos finassiers politiques n'ont rien vu de mieux que de constitutionner cette cohue parlementaire, qui permet aux ennuyés du boulevard de se procurer le plaisir de voir les deux grands Corps de l'Etat se narguer mutuellement en forme de polichinelles (1), à la manière de ce malotru de député qui disait en pleine Assemblée Nationale et en patois universitaire de la rue de l'*Ecole : Ze vous dis, moi, que ze ne suis qu'une bête* (traduction libre), *et ze vous défie, vous, personnaze inamovible, de prouver le contraire ; mais ça n'empêche pas, moi, d'être un* honorable *élu de S. M. le Suffraze universel !*

L'illustre prélat auquel s'adressait cette bravade de matérialiste ne pouvant pas faire de la tribune parlementaire une chaire de philosophie ou de théologie, se contenta de répondre à son interlocuteur : « Eh bien, mon cher collègue, je croyais que vous aviez une âme. »

L'évêque dut singulièrement souffrir de voir cette brute dans le Conseil de la grande nation catholique ; mais, hélas ! c'est encore bien plus révoltant d'y voir l'exécrable scélérat que l'échafaud attend à Conlie.

Un empereur romain qui n'avait pas reçu le baptême s'avisa, paraît-il, d'élever à la dignité sénatoriale son coursier favori, autre qu'un « cheval de renfort. » Ce mépris de la dignité humaine et sénatoriale est à peine croyable ; mais, attendez un peu !... Si le suffrage universel devient la propriété des radicaux, il va nous ménager bien d'autres surprises. Il est capable de remplir nos Chambres de tant de Naquet (2) et autres bêtes diverses, que le Chef du gouvernement se verra peut-être obligé de donner, à chacun des présidents de nos Assemblées, un fouet de la longueur de ceux dont se servaient les conducteurs des grandes diligences d'autrefois (3).

---

(1) Cette expression est nécessaire pour caractériser les provocations comiques qui ont eu lieu au Parlement.

(2) Les doctrines publiées de ces sortes d'animaux-là conviennent aux haras ; c'est ce qui explique la nécessité du fouet.

(3) On sera peut-être même obligé d'avoir recours aux piqueurs, armés du fouet professionnel, pour faire évacuer les tribunes envahies par des troupeaux de prostituées, accourues pour assurer à leurs « Cocos » (comme au théâtre) un « succès de fou rire. »

Car la discipline ayant été bannie de l'Université, il ne serait pas impossible qu'on fût obligé de fouailler ces grandes réunions gouvernementales, pour corriger leur vice d'éducation, en faisant faire ainsi un cours de philosophie morale ; ce qui est devenu tout-à-fait indispensable pour plusieurs des honorables gamins qui siégent à Versailles, au grand préjudice de la décence publique, comme dirait un article du nouveau projet de loi sur la presse, et qui, dans une séance du mois de juillet 1875, s'avisèrent de multiplier les votes à tour de rôle, si bien que « les urnes réunirent onze cents bulletins ; » c'est-à-dire le double à peu près du nombre des *législateurs* présents.

Toute cette partie de la première édition a été l'objet des plus vives récriminations. Cette dureté de langage a paru intolérable ; ce qui n'empêche pas qu'au mois d'août 1878, un journal de la *haute société* disait lui-même en parlant du Maréchal :

« Placé au timon du char de l'Etat, il a laissé tomber les rênes, et sa main n'est pas assez forte pour les ressaisir, pas assez ferme pour faire sentir le *mors* et le *fouet* à la *cavale* indomptée de la Révolution. »

Et il est bien étonnant que dans tout l'entourage de Mac-Mahon il ne se soit pas trouvé un seul homme capable de suppléer l'inhabileté politique du héros. De nombreux ministres de passage sont bien venus tour à tour sur la scène pour faire parade de leur science d'*hommes d'Etat*. Mais ce brillant tournoi d'habiletés académiques s'est terminé par une série des plus inconcevables capitulations parlementaires et diplomatiques, qui ont eu pour effet l'effacement politique de la France et la désastreuse soumission du Président aux insolentes sommations du chef des radicaux, qui a la prétention de vouloir faire mettre *hors la loi* les catholiques français, formant à eux seuls l'immense majorité de la nation. La déroute du parti conservateur est devenue générale au milieu de cette débauche gouvernementale. La *Marseillaise* et le *Çà ira* ont retenti comme au jour de la Terreur. Les plus ignobles journaux de 93 ont pris place aux vitrines; pendant qu'on entend çà et là, les cris précurseurs des massacres traditionnels en temps de République: « Mort à Mac-Mahon !... Vive la guillotine ! »

Lorsqu'on se trouve dans la cour du palais de Ver-

confiance et la prospérité publique, l'ascendant civilisateur et la mission chrétienne de la France, et les longs espoirs, et les longs avenirs, tout ce qui fait le prestige et la force des peuples couronnés. » Au lieu que la politique d'expédients de la République réduit le Kadosch de nos affaires étrangères à faire jouer, à notre pays, le rôle piteux d'une chétive principauté, qui ne saurait risquer un *Je veux* sans s'exposer à recevoir un coup de botte.

C'était bien là ce que prévoyait Bismarck lorsqu'il disait dans une dépêche adressée au comte d'Arnim, en 1872 :

« Il faut à l'Allemagne une France faible, et la France ne saurait être plus faible que sous un gouvernement républicain. »

Ah ! *Kadosch* ducal voilà donc où ont abouti toutes tes finesses de loge ! Tu ne t'es même pas douté que l'incident diplomatique, relatif au canal de Suez, nous fournissait tout naturellement l'occasion de briser le grand ressort de la diplomatie prussienne, en mettant Bismarck lui-même dans l'état où se trouvait M. Rouher après Sadowa. Il était pourtant bien facile de donner immédiatement à la *question des Indes* des proportions qui nous auraient assuré le premier rôle diplomatique dans la *question d'Orient*. Mais au lieu de manœuvrer dans ce sens, nos hommes d'Etat n'ont fait que marcher de capitulation en capitulation, depuis Civita-Vecchia jusqu'à ce congrès de Berlin, où nous avons signé notre propre déchéance. Car nous avions exercé jusque-là une véritable souveraineté dans les affaires de l'Orient, et c'était au prestige de cette sorte de royauté diplomatique que nous étions redevables d'une grande partie de notre influence dans le monde. Nos gouvernants parlementaires n'ont su être, en diplomatie, que de vulgaires manants. Empêtrés dans leurs habiletés de coulisses, ils ont trébuché à chaque pas sur le théâtre où se dénoue le drame des destinées des peuples. Pas un n'a su ou osé émettre un avis en dehors de ces banalités, qui valent tout juste le prix du déjeuner donné à Gambetta, pour apaiser la colère homérique que lui avait causée la mystification de SES plénipotentiaires.

Voilà où nous en sommes venus, en ce siècle des lumières, avec nos sept cents gouvernants, qui sont la monnaie d'un roi.

Quel phénomène psychologique !...

Regardez donc en particulier certains personnages du Parlement. Ç'a une haute position sociale: C'est riche jusqu'à l'opulence !

Ces messieurs étaient déjà des *savants* à un âge où tel pauvre enfant du peuple avait eu à peine le temps d'apprendre à lire, en partageant sa journée entre quelques heures de classe et la garde des troupeaux dans les champs. Et l'on est de prime abord comme écrasé par la disproportion de culture intellectuelle qui devrait résulter d'un pareil état de choses. Mais si l'on relève un peu la tête, pour mieux voir ce qui se passe, une surprise inexprimable envahit l'âme. Là ce sont de vils ambitieux, aplatis dans le ruisseau dé la fortune et des *honneurs*. Ici de superbes incapacités attirent votre attention. Ce sont de vrais SAVETIERS politiques, qui n'ont fait que bousiller au Parlement. Ils étaient chargés de sauver les Conservateurs, et tout leur talent n'a eu pour effet que de nous livrer pieds et mains liés aux radicaux. En somme ils ne se sont conduits que comme une bande d'*illustres* NIGAUDS, qui manqueraient d'esprit toute la journée, sans le *Courrier pour rire* apporté dès le matin, avec sa *chronique* relatant les hauts faits du boulevard.

Le 21 mai 1878, un pâtissier s'avisa d'empoisonner des brioches qui lui avaient été demandées pour un pensionnat dirigé par des congréganistes. Ce misérable fut traduit devant le tribunal, où il avoua son crime, en déclarant que c'était par haine contre cet établissement qu'il avait agi ainsi.

Eh bien ! c'est à un procédé analogue qu'on a recours pour *tuer* Henri V, dans l'opinion publique, afin de rendre son retour impossible. On empoisonne perfidement ses meilleures intentions ; tout est mis en œuvre contre lui. Il n'y a pas jusqu'à son programme de gouvernement qui n'ait été odieusement travesti ; et cependant cet ami du peuple, cet auguste descendant de nos rois, n'aspire qu'au bonheur de pouvoir nous rendre tous heureux, en nous faisant jouir de toutes les libertés compatibles avec la dignité du pouvoir et la tranquillité publique.

Il aime tellement les paysans qu'on ne saurait leur

témoigner plus d'affection sans faire tort aux autres classes de la société.

C'est lui-même qui a dit : « Je veux être Henri IV second. »

Or, on peut juger par là de ce que serait Henri V, *Empereur et Roi de France*, puisqu'il prend pour modèle ce bon roi Henri IV, dont le nom est resté cher au peuple, et qui était comme l'ami particulier des campagnards.

Henri V a dit : « Si jamais la Providence m'ouvre les portes de la France, je ne veux pas être le roi d'une classe ni d'un parti, mais le *roi de tous*. Le mérite et les services seront les seuls distinctions à mes yeux. »

« J'appelle tous les dévouements, tous les esprits éclairés, toutes les âmes généreuses, tous les cœurs droits, dans quelques rangs qu'ils se trouvent et sous quelque drapeau qu'ils aient combattu jusqu'ici, à me prêter l'appui de leurs lumières, de leur bonne volonté, de leurs nobles et unanimes efforts pour sauver le pays, et assurer son avenir et lui préparer, après tant d'épreuves, de vicissitudes et de malheurs, de nouveaux jours de gloire et de propérité. »

« Je ne suis point un parti, et je ne veux pas revenir pour régner par un parti. Je n'ai ni injure à venger, ni ennemi à écarter, ni fortune à refaire, sauf celle de la France ; et je puis choisir partout les ouvriers qui voudront loyalement s'associer à ce grand ouvrage. »

« L'égalité devant la loi, la liberté de conscience, le libre accès pour tous les mérites à tous les emplois, à tous les honneurs, à tous les avantages sociaux ; tous ces grands principes d'une société éclairée et chrétienne me sont chers et sacrés comme à tous les Français. »

Il veux : « le suffrage universel honnêtement pratiqué et le contrôle des deux Chambres. »

« L'exclusion de tout arbitraire ; le règne et le respect des lois ; l'honnêteté et le droit partout ; le pays sincèrement représenté, votant l'impôt et concourant à la confection des lois ; les dépenses sévèrement contrôlées ; la propriété, la liberté individuelle et religieuse, inviolable et sacrée, l'administration communale et départementale sagement et progressivement décentralisée ; le libre accès pour tous aux honneurs et avantages sociaux : telles sont à mes yeux les véritables garanties d'un bon gouvernement, et tout mon désir est de pouvoir, un jour, me dévouer tout entier à l'établir en France. »

« Le plus beau jour de ma vie sera celui où je pourrai voir tous les Français, après tant de dissentiments et de rivalités funestes, rapprochés par les liens d'une véritable fraternité ; la famille royale réunie autour de son chef dans les mêmes sentiments de respect pour tous les droits, de fidélité à tous les devoirs, d'amour et de généreux dévouement pour la patrie ; enfin la France entière, pacifiée par la réconciliation de tous ses enfants, donner au monde le spectacle d'une concorde universelle, sincère, inaltérable, qui lui permette encore de longs siècles de gloire et de prospérité. »

Voilà ce que serait l'empire royal de notre auguste et bien-aimé Henri V, si l'Assemblée nationale avait fait l'usage légal qu'elle devait faire de sa grande majorité royaliste. Malheureusement ce Parlement, élu au mois de février 1871, s'est conduit, par faiblesse, un peu comme un chef de ménage dont la femme est une ivrognesse tapageuse.

Il y a un Picard, frère du député républicain, qui dit en apprenant la perte de l'Alsace-Lorraine : « Pour la République, deux provinces, c'est donné. » Quant aux milliards, ce n'était pas même la peine d'en parler. Quelques nouvelles lois sur l'impôt devaient suffire pour cela !

C'est bien comme cela que parle et agit une femme qui a la passion de la bouteille. L'honneur, bah ! il n'en est pas question. Le patrimoine, pour la bouteille : « c'est donné. » Le linge de la maison, même la plume des couettes : tout y passera si l'argent fait défaut. Des maladies ou indispositions simulées, et les ruses les plus incroyables, seront employées pour tromper le public et obtenir de la pitié ce que la conscience faisait un devoir de refuser. Que les enfants meurent de chagrin et de honte, peu importe ! Les observations filiales les plus respectueuses à ce sujet n'ont pour effet que de soulever des tempêtes qui ne s'apaisent que sous l'influence de la bouteille.

L'insurrection du 4 septembre avait frauduleusement livré la France à la République. Le premier devoir qui s'imposait au Parlement était donc de faire immédiatement usage de ses pouvoirs constitutionnels en nous débarrassant de cette *chose* mal famée. Mais la *République*, effarée comme une soûlarde pétroleuse, remplit le grand Cabaret de ses clameurs séditieuses et menaça d'allumer la guerre civile. M. Thiers l'appuya et se fit son avocat, car il voulait à tout prix devenir président, ce qui avait été le rêve de toute sa vie politique.

Il fit si bien que le Parlement royaliste se laissa jouer tout comme un pauvre *bonhomme*, qui finit par ne plus être le maître dans sa maison. Gambetta, encouragé par cette faiblesse, sur laquelle il n'avait pas compté, sortit promptement de sa retraite de Saint-Sébastien, où il s'était empressé de mettre en sûreté sa personne et les millions que la *République* lui avait baillés.

Il devint d'une insolence inouïe, parce qu'il avait remarqué que c'était le plus sûr moyen d'*abrrrutir* le Parlement.

Il n'a reculé devant aucune illégalité, et on l'a vu dernièrement pousser le cynisme de l'effronterie, jusqu'à oser citer en sa faveur et à l'appui de sa thèse républicaine, l'opinion de ce M. Thiers qui l'avait qualifié de « fou furieux, » et qui a dit :

« La république a été sérieusement essayée en France, et non-seulement la république violente et sanguinaire, mais la république clémente et modérée, qui n'a pu aboutir qu'au mépris. L'histoire prouve qu'en France la république tourne toujours au sang ou à l'imbécillité. »

« La république fait toujours surgir un personnel déplorable, personnel vulgaire, ignorant, inexpérimenté et violent, » qui foule aux pieds la loi et les droits des citoyens, avec tout le brutal sans-gêne du *républicain* Flourens, dont les bottes écrasaient les encriers sur la table des délibérations, à l'Hôtel-de-Ville, dans la nuit républicaine du 31 octobre 1870.

Nous avons eu parfois des hommes capables à la tête du gouvernement, et néanmoins, ajoute M. Thiers, « en quelques années *le désordre était partout*. Ces hommes d'Etat étaient honnêtes, et cependant le *Trésor était livré au pillage*, *personne n'obéissait... C'était un mépris*, *un chaos universel*. Il a fallu que des généraux vinssent renverser ce gouvernement (passez-moi l'expression) *à coups de pied.* »

On se rappelle que dernièreme , à Châtellerault, des

farines avariées furent jetées à l'eau par ordre des autorités.

Pendant cette opération, qui avait attiré beaucoup de curieux, un individu dit tout haut au milieu de la foule :

« Voilà ce que font les nobles depuis longtemps pour affamer le pauvre peuple. Ils laissent pourrir leurs farines. »

Or il a été prouvé que ces prétendus nobles étaient tout simplement « le plus fougueux des républicains de son département. »

Ce n'est là malheureusement qu'un spécimen de ce qui se passe journellement sous nos yeux.

Gambetta et sa séquelle républicaine ne cessent de crier contre l'arbitraire et tout ce qui peut entraver la liberté du suffrage universel, ou porter une atteinte quelconque à l'indépendance de l'ouvrier. Mais jamais la dignité des citoyens ne fut foulée aux pieds avec plus de cynisme que par ces charlatans du libéralisme, qui ne savent bien que s'enrichir aux dépens du peuple.

Voyez donc ce qui s'est passé à l'époque de la *légalisation* de la république en décembre 1875.

On a commencé tout d'abord par enfreindre les prescriptions réglementaires, ce qui néanmoins ne put assurer qu'une voix de majorité à la république. Le citoyen Gambetta vint ensuite se placer au pied de la tribune, à l'heure décisive où l'Assemblée nationale procédait à la création de ce Sénat, qui est comme le cœur de cette organisation gouvernementale.

Il posa en dictateur. Le troupeau maçonnique de l'Assemblée défilait devant lui, et chacun recevait un vote cacheté qu'il devait déposer dans l'urne, sous peine de voir sa candidature rejetée aux prochaines élections. Le scandale alla si loin que tout le parti républicain aurait protesté, en faisant un vacarme d'enfer, si la monarchie avait été rétablie d'une manière aussi monstrueusement illégale. Et le Maréchal aurait été sommé par les Pasquier et les Grévy d'intervenir, au besoin par la force, pour annuler un acte vicié ainsi dans son essence.

Mais les légitimistes, odieusement trahis, se résignèrent au silence avec cette naïveté inconsciente, qui a eu déjà les plus funestes conséquences. Cette fatale résignation est comme une sorte de maladie épidémique qui envahit tout le parti conservateur. Le Chef du gouvernement en a eté atteint lui-même dans des proportions telles, qu'il ressemble parfois à ces *bons vieux papas*, qui se font une espèce de vertu de donner toujours tort à ceux de leurs enfants dont l'humeur est la plus douce. La paix avant tout!...

Comme c'est paternel, n'est-ce pas donc?

Hélas! que voulez-vous y faire? Puisque les conservateurs sont si bonnes gens, ne vaut-il pas mieux laisser les républicains faire comme bon leur semble?

Ce fut là tout le raisonnement de Mac-Mahon, lorsque les radicaux de la Chambre s'avisèrent de lui refuser *illégalement* le budget, en menaçant de s'insurger s'il ne renonçait pas à son *droit* de *choisir lui-même* son Ministère, même complétement en dehors du Parlement.

Ah! qu'il est regrettable que Mac-Mahon n'ait pas saisi une si bonne occasion de faire sentir, au besoin, la pointe des baïonnettes à cette canaille gouvernementale, qui ne connaît plus d'autres lois que les injonctions du mandat impératif que Gambetta, le franc-maçon, a signé à Belleville. Un peu de mitraille dans les rues de Paris, s'il y avait eu lieu ensuite, aurait bien vite fait passser le goût de ces insurrections de *parade* qui sont devenues à la mode, parce que les conservateurs oublient trop cette devise de l'*héroïque* canaille :

Si tu avances, je recule!
Si tu recules, j'avance!

Rappelez-vous donc ce qui s'est passé à l'Hôtel-de-Ville, à Paris, dans la nuit du 30 octobre 1870.

Je donne la parole au citoyen Jules Simon, qui ne fut pas trouvé assez communard par ses confrères, les autres francs-maçons, moins riches que lui :

« Les portes avaient été enfoncées, et la foule avait envahi les salles... On se pressait, on se bousculait, chacun voulait parler et ne pouvait parvenir à se faire entendre; enfin il y en eut qui montèrent sur la table : je puis citer M. Flourens (1), qui présidait en se promenant sur cette table, foulant les encriers avec ses bottes fortes. Il y avait aussi un homme furibond, qui poussait

(1) C'était le Gambetta de la situation, s'écriant avec un geste de communard : « Voilà l'ennemi! »

à toutes les motions sanguinaires, et en sa qualité de tambour, accompagnait d'un roulement chacune de ses motions. C'était 93 ressuscité; c'était, par anticipation, la Commune du mois d'avril...

« Nous pouvions être assassinés, et déjà quelques tirailleurs de Flourens avaient braqué leurs fusils de notre côté. Jules Ferry monta sur la table à son tour et dit : « Vous êtes nos prisonniers (1), nous pourrions faire de vous à notre volonté. »

« La cohue était extrême, ajoute le général Le Flô, et finit par dégénérer bientôt en une véritable révolution. Le gouvernement fut déclaré déchu (2); un autre gouvernement fut formé, et l'on commença à nous traiter fort mal. On nous campa dans l'embrasure d'une fenêtre, on nous fit entourer par une douzaine de sacripants, commandés par un officier, qui avait l'air d'un parfait scélérat, et qui donna l'ordre à ses hommes de nous fusiller au premier coup de feu qui serait tiré du dehors.

» Pendant quatre heures nous sommes restés continuellement sous cette menace. A chaque mouvement qui se produisait dans la salle ou au dehors, ces drôles armaient leurs fusils et faisaient le mouvement de nous coucher en joue. Cela dura ainsi jusqu'à une heure et demie du matin.

» A ce moment, au milieu de ce désordre, de cette confusion inexprimable, un personnage se précipita dans la salle, très-pâle, très-ému, très-agité. « Citoyens, s'écria-t-il, nous sommes perdus ! Nous sommes trahis ! Les mobiles arrivent ! »

» A ce moment, en effet, continue le général Le Flô, les mobiles du Finistère montaient les escaliers...

» Lorsque cet individu dont je vous ai parlé tout à l'heure se précipita dans la salle en criant : « Les mobiles arrivent ! » nos gardiens du corps armèrent leurs fusils et se mirent en mesure de nous coucher en joue. A ce moment j'étais tout près de M. Millière; je ne le connaissais pas cinq minutes auparavant, mais il était monté sur une table et il avait fait une espèce de discours assez modéré. Je l'avais entendu appeler par son

---

(1) Comme Mac-Mahon et le parti conservateur le sont aujourd'hui de Gambetta.

(2) Comme le sera bientôt Mac-Mahon s'il n'agit pas en conséquence.

nom. Alors que les gens qui nous entouraient armaient leurs fusils et se préparaient à nous fusiller, je sautais à la gorge de M. Millière, qui causait avec un individu dont je n'ai pas su le nom, je les saisis tous les deux par le collet et je leur dis : « Vous êtes tous perdus ! Vous allez tous sauter par la fenêtre, du premier au dernier. Il n'y a qu'un homme ici qui puisse vous sauver, c'est moi ! — Arrêtez ! crièrent-ils aux hommes qui allaient nous passer par les armes. Et vous, me dirent-ils, courez, empêchez ces troupes d'arriver ! »

Le général Le Flô raconte ensuite que comme il n'allait pas assez vite au gré des émeutiers, pâles de peur, ceux-ci l'enlevèrent et le portèrent sur *leurs bras* jusqu'en dehors de la salle.

Ces lâches, *héroïques* massacreurs d'otages, étaient pourtant des profès, les braves de la franc-maçonnerie, qui avaient prononcé leurs *vœux* solennels conçus ainsi :

« Qu'on me brûle les lèvres avec un fer rouge, qu'on me coupe la main, qu'on m'arrache la langue, qu'on me tranche la gorge ; que mon cadavre soit pendu dans une loge pendant le travail de l'admission d'un nouveau frère, pour être la flétrissure de mon infidélité et l'effroi des autres ; qu'on le brûle ensuite, et qu'on en jette les cendres au vent, afin qu'il ne reste plus aucune trace de la mémoire de ma trahison, si je révèle jamais les secrets, les signes, les paroles, les doctrines, les usages des F.·. M.·. »

Oh ! quels accents d'une *noble* indignation feraient entendre messieurs nos *libéraux* si l'on faisait prononcer aux congréganistes des vœux aussi attentatoires à la liberté des citoyens.

Mais tout semble permis à la tyrannie *libérale*, surtout depuis que Gambetta, le franc-maçon, a pu se permettre d'annoncer la mise en accusation de Mac-Mahon et de ses Ministres.

Ne pouvant pas entrer dans les détails à ce sujet, je vais reproduire un petit article que le *Mémorial d'Amiens* publiait au mois de novembre 1877 :

« La terreur républicaine installée dans nos communes commence vraiment à dépasser les bornes tolérables.

» Nous parlions hier des masses conduites en brigades au scrutin comme un troupeau et déposant, comme un seul homme, le bulletin qui leur a été mis la veille dans les mains et qu'elles n'ont pas même le droit de vérifier ni de discuter.

» Ailleurs, il y a mieux : chaque ouvrier reçoit un bulletin écrit à la main, portant dans un angle un numéro d'ordre correspondant au livret de l'ouvrier. Après que le vote a eu lieu, l'appel des numéros est fait, grâce à certaines complicités, et le citoyen courageux qui a voulu agir en homme libre et voter selon sa conscience, sans écouter les ordres de personne, se trouve désigné aux rancunes des meneurs. »

Voilà ce qui s'appelle entendre la liberté et la légalité en parfaits libéraux, à la manière de cette majorité radicale du Parlement, dont les procédés de validation et d'invalidation, qu'on va bientôt voir appliquer au Sénat, rappellent ceux du républicain Carrier, qui gambettisait à Nantes pendant la Terreur.

Frappez « ces coquins d'accapareurs, ces aristocrates, ces modérés », s'écriait le tribun de 93, avec l'accent et les gestes du conventionnel de Romans. « Dénoncez ! dénoncez-les-moi ! Il ne me faut point de preuves matérielles ; la dénonciation de deux bons sans-culottes me suffit. »

Et quelques jours après, il ajoutait, pendant que les noyades dépeuplaient le pays d'aristocrates et de cléricaux appartenant à toutes les classes de la société :

« Quand donc les têtes de ces scélérats commerçants rouleront-elles sur l'échafaud ? »

Hélas ! tout concourt en ce moment à préparer le retour de ces orgies de sang, encouragées par le dictateur qui a pu dire impunément en public : « Le cléricalisme, voilà l'ennemi ! » Quand on peut parler ainsi de l'immense majorité de la nation, tout devient possible ; à moins d'une violente réaction légale contre le BANDITISME régnant ; car l'histoire nous apprend qu'aux époques de révolutions, ce sont les minorités furibondes qui commandent aux majorités terrorisées. Et la funeste influence du monde officiel d'aujourd'hui ne peut servir malheureusement qu'à hâter cet énervement des caractères qui est le plus redoutable fléau des peuples entraînés vers la servitude.

Regardez le vieux Dufaure lui-même ! Auriez-vous jamais pensé que cette caricature de Caton fût devenue aussi une personnification de l'ambition inassouvie ? Il pose en patriarche du régime parlementaire et nous conduit à la dictature. Ce « vétéran du libéralisme » s'est rendu complice des plus odieuses tyrannies. Il n'a même pas rougi de donner à la jeunesse l'ignoble spectacle d'un vieillard capable de pousser le servilisme jusqu'à faire mentir sa parole d'honneur donnée officiellement.

Il avait promis aux sénateurs qu'aucune décision ne serait prise en leur absence relativement à la nomination des délégués sénatoriaux, et il a suffi d'une parole comminatoire du député de Belleville pour lui faire jouer le rôle de fourbe et de menteur, afin de conserver quelques mois de plus l'un de ces portefeuilles qui sont comme la livrée de cette radicaille que Mac-Mahon a stigmatisé ainsi, en s'adressant aux conservateurs dans son manifeste du 19 septembre 1877 :

La majorité de la chambre des députés « échappant chaque jour davantage à la direction des hommes modérés, et de plus en plus dominée par les chefs avoués du radicalisme, en était venue à méconnaître la part d'autorité qui m'appartient et que je ne saurais laisser amoindrir sans engager l'honneur de mon nom devant vous et devant l'histoire. Contestant en même temps l'influence légitime du Sénat, elle n'allait à rien moins qu'à substituer à l'équilibre nécessaire des pouvoirs établis par la Constitution, le despotisme d'une nouvelle Convention. »

Les ministres semblent n'être plus que de simples commis-voyageurs payés pour faire l'article en faveur de la république. Ils falsifient l'histoire et mentent au peuple et même au Chef du gouvernement avec un aplomb que pourraient leur envier bien des colporteurs d'étoffes avariées. Ils sont tout absorbés par cette besogne qui n'est pour eux qu'une affaire d'argent. C'est à peine s'ils daignent de temps à autre prêter une oreille distraite aux plaintes si nombreuses des conservateurs, qui semblent n'être plus que des parias, qu'on pourrait maltraiter, calomnier, insulter et caricaturer impunément, sans l'héroïsme de la magistrature qui continue d'être notre refuge, malgré les terribles menaces suspendues sur sa tête comme le couteau de l'exécuteur des hautes-œuvres.

Toutes les catégories de fonctionnaires publics se ressentent plus ou moins de cet avilissement de l'autorité entre les mains des ministres de Gambetta. C'est une sorte d'épidémie morale qui n'a laissé intact presque aucun des organes de l'administration.

Voyez par exemple comment tel dignitaire de l'Université se met l'esprit à la torture pour se républicaniser avec tout son personnel, afin d'avoir de l'avancement ! Le corps enseignant est en proie à une véritable panique. Gambettisme y est presque synonyme de Terrorisme. On sent que la proscription n'a besoin que d'un prétexte pour éclater, et chacun tremble pour son pauvre gagne-pain.

Rien de plus curieux en particulier que l'empressement des inspecteurs à renier leurs antécédents politiques. On serait tenté de croire que leur grand-maître, le franc-maçon Bardoux, leur fait prendre chaque matin une potion anti-monarchique. C'est peut-être un vomitif gratuit et obligatoire payé par la république pour faciliter l'évacuation du *virus* dynastique.

Qui sait même si le ministère n'emploie pas en secret quelque procédé énergique pour leur infuser le *civisme* du mercenaire qui tient avant tout à rester en place ? Ne serait-on pas en droit de le supposer en voyant ces courtisans se brouiller *ex-abrupto* avec leurs amis légitimistes, pour être signalés, comme des *convertis* fervents, aux francs-maçons du pouvoir ? Tout cela est écœurant et paraît d'autant plus comique, qu'on sait parfaitement que ce républicanisme extravagant ne tiendra pas vingt-quatre heures après la proclamation du nouveau gouvernement qui mettra fin à cette orgie républicaine, que Bismarck appelle une « agonie folâtre. »

Quelques hommes honorables font cependant encore une certaine exception parmi les salariés de cette classe. Ils rougissent au moins du rôle que Gambetta leur a imposé. Leurs noms méritent d'être conservés dans les archives à titre de documents pour l'histoire. Mais ce sera une tache ineffaçable pour l'Université, que pas un seul inspecteur d'Académie ou autre, n'ait eu le courage de s'exposer à une révocation en protestant contre les injustices criantes dont les congréganistes ont été l'objet de la part de certains préfets, qui n'ont d'autre mérite que d'être des baiseurs de bottes du dictateur.

Comment, Messieurs, vous reculez devant un décret de ces petits proconsuls ! vous, les officiers supérieurs des éducateurs de la jeunesse !

Jetez donc au feu vos palmes académiques que vous déshonorez! Prenez vos décorations de la Légion-d'Honneur et allez les placer sur la poitrine de la première sentinelle que vous rencontrerez. Car si vous étiez maltraités par une canaille quelconque, ce *simple soldat* n'hésiterait pas à prendre votre défense, même au péril de sa vie!

C'est un crime, Messieurs, d'avilir, comme vous le faites, l'emblême sacré de l'héroïsme du dévouement. Vos lâches complaisances pour ces tyranneaux, contribuent plus que tout le reste à faire disparaître jusqu'aux notions les plus élémentaires de l'honneur et du désintéressement; surtout en ces jours critiques où le peuple a vu pleurer le héros qui est retenu prisonnier, dans une espèce de coupe-gorge parlementaire, où il semble craindre de remuer de peur de faire du bruit, même après avoir dit solennellement :

« Quant à moi, mon devoir grandirait avec le péril. Je ne saurais obéir aux sommations de la démagogie. Je ne saurais ni devenir l'instrument du radicalisme ni abandonner le poste où la Constitution m'a placé.

» Je resterai pour défendre, avec l'appui du Sénat, les intérêts conservateurs et pour protéger énergiquement les fonctionnaires fidèles qui, dans un moment difficile, ne se sont pas laissé intimider par de vaines menaces. »

Après qu'un Maréchal de France a parlé ainsi en Chef du gouvernement, il me semble qu'il y a des bassesses politiques que le patriotisme et l'honneur militaire lui interdisent, comme les lâches et désastreuses capitulations qui sont punies de mort. Ce ne serait plus qu'un suicidé de l'ordre moral. Il aurait attaché à son nom cette exécration de mépris qui exclut même la pitié. Car l'heure est arrivée de rappeler à la canaille que l'épée peut être autre chose qu'un article de musée.

« L'attente envahit les âmes. Les justes sont pleins du pressentiment d'une catastrophe prochaine....

» La joie satanique éclate, au contraire, sur le visage des méchants, » qui évoquent à leurs fêtes les spectres des démolisseurs d'autrefois ; comme le disait dernièrement l'un des journaux les plus graves de la capitale. Le *Journal des Débats*, lui-même, ne peut s'empêcher de faire cet aveu :

« A des maux matériels et trop réels se joint un mal d'une nature différente, mais qui n'est pas moins terrible : c'est l'inquiétude générale, la menace de complications nouvelles, l'attente d'un inconnu que l'on sent plein de danger. Jamais depuis 1815 on n'avait vu une aussi fatale réunion de circonstances fâcheuses, de causes de dépression dans les affaires, de ralentissement de l'esprit d'entreprise. »

Entendez-vous ces clameurs de cannibales qui retentissent déjà sur tous les points du territoire?

Ici c'est Naquet fêtant « l'anniversaire du 21 septembre 1792 », et s'écriant au milieu des bravos et des salves d'applaudissements :

« Nous voulons la politique des résultats, mais des résultats réels.... ceux de 92 à Thermidor ! »

Là c'est le citoyen Gros faisant l'énergumène au banquet de Montsouris, et qui exhalait ainsi son jacobinisme sauvage :

« Citoyennes et citoyens,

» Je bois à la Convention nationale!

» A la grande Convention qui, le 21 septembre 1792, a aboli la monarchie et proclamé la république une et indivisible....

» A la Convention, qui établit le Tribunal révolutionnaire, le 9 mars 1793, et le Comité de Salut public le 6 avril.

» Je bois à la Convention, qui (codifiant les droits de l'homme) créa la constitution de 1793, la seule constitution au monde qui, jusqu'ici, ait tenté de réaliser l'exercice universel et constant de la souveraineté populaire!...

» Je bois à Danton, à Robespierre, à Saint-Just, à Marat! etc.

» Je bois à la Convention passée et à la Convention future! »

Au banquet de Charenton, le député Benjamin Raspail s'écriait à son tour :

« Un septennat ne sauve pas des assises de Trianon...

» Les BANDITS ruinés du 16 mai (ministres et préfets) ont payé leurs dettes avec ce qu'ils ont glané en arrivant au ministère....

» Eh bien! les a-t-on traduits, ces bandits, devant les tribunaux compétents? »

Et ce discours fut accueilli par les cris frénétiques de : « Vive la République ! ! »

Que le Chef du gouvernement ne s'y trompe pas, il aura, lui aussi, sa *Tour du Temple*, s'il ne se précautionne pas en conséquence.

Qu'il ne se repose point sur les promesses que Gambetta lui aura faites pour obtenir des signatures encore nécessaires. Il n'y a pas à compter sur les serments d'un chef de forbans, qui trouvera cent bonnes raisons pour s'excuser de laisser massacrer le vainqueur de la Commune, dont l'épée tombée dans la boue sera ramassée par quelque voyou, et montrée au peuple au milieu des éclats de rire de la foule. Gambetta ne s'exposera jamais au danger de faire obstacle à cette ivresse de carnage qui s'empare de la plèbe scélérate en temps de révolution. D'ailleurs il ne le pourrait peut-être pas, car comme on l'a très-bien dit : « La toute-puissance subite et la licence de tuer sont un vin trop fort pour la nature humaine ; le vertige vient, l'homme *voit rouge*, et son délire s'achève par la férocité. »

L'avocat de la république radicale, « devenu alors presque loquace, » dira, au retour d'une partie de chasse quelconque : « Est-ce ma faute, à moi, si le centre modéré m'a refusé son appui pour sauver Mac-Mahon ? Que pouvais-je faire ? » — « J'ai cru devoir demander au pays, » s'il fallait livrer l'ex-président du 16 mai et ses ministres, afin de calmer l'effervescence populaire. « Le pays a répondu *oui*. Je me tiens pour averti. » Il ajoutera en s'adressant à quelque « prince de Galles » : « Votre Altesse, qui est du pays parlementaire par excellence, ne saurait, je pense, me désapprouver. » Et il sera répondu en *riant :* « Non certainement, c'est on ne peut plus correct. » Vous ne sauriez être tenu de compromettre votre position sociale, en montrant plus d'attachement à vos promesses antérieures que n'en a montré le Maréchal lui-même, qui a si bien lâché les conservateurs après avoir dit qu'il se ferait « sauter » plutôt que de livrer la place aux radicaux.

Il faudrait être vraiment bien naïf pour avoir confiance dans les dires d'un franc-maçon, esclave du mandat impératif que lui ont imposé ses électeurs de Belleville. Le balconnier de Tours, de Bordeaux et autres lieux, ne sera jamais que le valet de la franc-maçonnerie. N'attendez que de lâches complicités de la part de ce dictateur, fashionable engraissé, qui ne rougissait pas de faire parade de ses cigares exquis, pendant que nos pauvres soldats manquaient de pain et de vêtements, couchaient dans la neige et marchaient dans la boue, avec des souliers à semelles de carton, livrés par des fournisseurs républicains qui ont fait de si monstrueuses fortunes en pillant le Trésor à l'instar de Gambetta. Mais il ne faudrait peut-être pas attendre longtemps pour voir ce charlatan de politique devenir suspect aux nouveaux Montagnards, à cause de sa trop grande fortune, et suivre l'exemple de Rochefort se sauvant à l'étranger avec son or et ses diamants, et ne laissant au pays, comme gage de son patriotisme, que sa concubine et ses bâtards.

Un avocat célèbre, collègues de ces deux gouvernants de théâtre, avait d'abord brillé, lui aussi, par son gambettisme anticlérical. Le bon gros public pouvait ne voir dans ce genre d'impiété qu'une preuve de supériorité d'esprit. Mais un procès; qui a immortalisé ce libre penseur, livra au mépris universel ce personnage qui avait poussé le cynisme de l'infamie jusqu'à faire mentir les *registres de l'état-civil*, en donnant comme légitimes les produits bâtards de son concubinage.

Eh bien ! cet ancien membre du soi-disant gouvernement de la défense nationale, se trouvait ministre de son *ami* le président Thiers, chef du gouvernement de l'Assemblée Nationale, à Versailles, lorsque la Commune éclata comme un épouvantable incendie au milieu de la capitale.

Alors ce républicain, Jules Favre, dont le procès n'avait pas encore eu lieu, adressa, aux agents de la France à l'étranger, cette mémorable circulaire :

« L'Europe est en face d'une œuvre de destruction systématique, dirigée contre chacune des nations qui la composent et contre les principes mêmes sur lesquels reposent toutes les civilisations.

» Après avoir vu les coryphées de l'Internationale au pouvoir, elle n'aura plus à se demander ce que valent leurs déclamations pacifiques. Le dernier mot de leur système ne peut être que l'effroyable despotisme d'un petit nombre de chefs s'imposant à une multitude tombée sous le joug du communisme, subissant toutes les servitudes, jusqu'à la plus odieuse, celle de la conscience, n'ayant plus ni foyer, ni champ, ni épargne, ni prière, réduite à un immense atelier, conduite par la terreur, et contrainte administrativement à chasser de son cœur Dieu et la famille.

» C'est là une situation grave; elle ne permet pas aux gouvernements l'indifférence et l'inertie. Ils seraient coupables, après les enseignements qui viennent de se produire, d'assister impassibles à la ruine de toutes les règles qui maintiennent la moralité et la prospérité des peuples. »

Ainsi parlait alors ce libéral, ministre de nos affaires étrangères. Et au mois d'octobre 1877, le franc-maçon duc Decazes qui l'avait remplacé s'exprimait en ces termes à Libourne, malgré son titre maçonnique de Kadosch :

« Je n'aime pas à parler des hommes que nous combattons. Mais j'ai le droit de leur dire que nous les connaissons bien, et de leur demander ce qu'ils allaient faire, il y a six ans », à l'époque de la Commune, et « ce qu'ils veulent faire aujourd'hui de la France. Nous avons appris à les connaître, en 1871, à Bordeaux, à Versailles, à Paris; nous savons ce qu'ils sont et vous ne l'oublierez pas.... C'est la grande Convention de 1793 avec son Comité de Salut public, ou la grande Commune de 1871, sans comprendre qu'ils nous ramènent à la Terreur et aux otages. »

Mais toutes ces harangues académiques n'eurent pas plus de succès que le réquisitoire de M. Thiers qui, étant encore président, s'écriait en parlant de la candidature, à Paris, d'un maître d'école révoqué :

« Barodet signifie vol, pillage, assassinat des otages, destruction, anéantissement. »

Et Barodet fut élu quand même, bien que le concurrent opposé par M. Thiers fût une célébrité libérale de la catégorie des *gens comme il faut*.

C'est un symptôme des plus alarmants!

La capitale ne va pas tarder à redevenir le quartier-général de l'Internationale!

La soif de la vengeance n'a fait que s'accroître parmi les communards revenus du bagne ou qui ont échappé aux conseils de guerre. Ces misérables n'attendent que l'heure prochaine où le gouvernement pourra être *léga-*

lement radical, grâce à la complicité inconsciente de Mac-Mahon, qui semble s'être condamné à n'être plus qu'une machine servant à estampiller des actes publics, sans paraître se douter que son nom produit ici l'effet désastreux de certaines signatures honorables, sur les prospectus mensongers des sociétés véreuses.

Ce fut au sujet de cette funeste disposition à signer sans regarder que je crus pouvoir dire dans ma première édition dont j'adressai un exemplaire au Maréchal :

Le Chef du gouvernement se trouve en ce moment sur la pente d'un crime politique qui approche de la trahison ou d'une sorte de stupidité.

J'avoue franchement que je suis obligé de me faire violence pour m'exprimer ainsi à l'égard du héros qui avait toujours été pour moi l'idéal du soldat français. Mais enfin il faut bien parler de manière à se faire comprendre de cet associé, en second, du fils de l'épicier de Cahors. Et puisque l'existence même de notre nationalité en dépend, je vais montrer, au président du 24 mai, le programme maçonnique qu'il patronne, à son insu, sous la raison sociale GAMBETTA-MAC-MAHON et Cie, ayant pour commis des ministres à gages, dont le *servile* dévouement républicain est tenu en haleine par des gratifications comme celles qui ont été données à l'époque de l'Exposition :

Guerre à Dieu, à la famille et à la propriété !

Nous voulons que les héros envoyés à Nouméa reviennent prendre leur part du festin de la liberté restreinte qu'ils ont conquise, et travailler à l'élargir, à émanciper le peuple, à ouvrir la brèche qui laissera passer la vengeance du prolétaire.

Ces fils de 93 se lèveront et continueront l'œuvre interrompue de Marat, Danton, Robespierre, etc., ils nivelleront l'ancien monde, ils le détruiront pierre par pierre, et sur ses ruines ils élèveront l'édifice vigoureux de la République démocratique et sociale.

Le Catholicisme est le grand adversaire de la Révolution. Il faut l'anéantir! Si cent mille têtes font obstacle, qu'elles tombent !......

C'est au nom de la HAINE qu'il faut agir : haine de l'autorité dans les choses religieuses, haine de l'autorité dans la politique, haine de l'autorité dans l'ordre social sous toutes ses formes.

Que la torche incendiaire, le pétrole, la pioche et le marteau détruisent les monuments, les palais et les hôtels de nos maîtres.

Il faut que nous ayons le plaisir d'assister à l'agonie des prêtres, des nobles, des bourgeois et des capitalistes mourant de faim, lentement, terriblement sous nos yeux. Ce sera notre vengeance, et pour celle-ci, joint à une bouteille de Bordeaux, nous vendons volontiers notre place au ciel. Le ciel? nous n'en voulons pas : ce que nous demandons c'est l'enfer, l'enfer avec toutes les voluptés qui le précèdent, et nous laissons le ciel au Dieu des papistes et à ses infâmes bienheureux.

Ce programme socialiste et blasphématoire a été publié par parties, et mis à la portée du peuple, dans des journaux et autres publications populaires, qui ont fait invasion dans les tavernes où se préparent tous les mouvements insurrectionnels.

Et ce qu'il y a de plus inquiétant, c'est que le gouvernement Gambetta-Mac-Mahon a déjà commencé à le mettre en pratique. On a suspendu le cours des poursuites dirigées contre les communards et l'on se prépare à proclamer l'amnistie générale, en même temps que la révocation des juges *inamovibles* qui ne consentiront pas à réserver les rigueurs de la loi pour les conservateurs exclusivement.

Ces sinistres revenants de Nouméa et autres lieux commencent à se faire une réclame de leur participation aux évènements de la Commune, et se saluent fièrement comme il convient aux *héros* de la *grande armée* socialiste, qui n'attendent qu'un signal pour mettre de nouveau tout à feu et à sang.

C'est bien en vain que le député de Belleville, dans une sorte de discours *présidentiel*, a essayé de rassurer les propriétaires contre le résultat final de la République actuelle.

Il a dit avec une dédaigneuse emphase qui trahissait sa pensée :

« On a senti le ridicule qu'il y avait, dans un pays qui compte 24 millions de petits propriétaires, à dire que la propriété pouvait être mise en péril. »

Mais pour se rendre compte de la valeur réelle de ce chiffre, il suffit de remarquer qu'un grand nombre de ces petits propriétaires n'ont qu'une fortune insignifiante au point de vue de l'aisance qui peut en résulter. D'un autre côté tout le monde sait que, par suite des abstentions, les élus du prétendu suffrage *universel* ne représentent pas le tiers des électeurs conservateurs. Or, comme les lois sont votées à la majorité, il est clair que par sa harangue le radical borgne a signifié ironiquement aux naïfs conservateurs que c'en est fait du patrimoine en France, si Gambetta parvient à la présidence. C'est peut-être parce que ce résultat paraît trop prochain que le dictateur n'ose précipiter la chute de Mac-Mahon. Car cet énergumène ne peut conserver son influence qu'à la condition de se rendre nécessaire aux affamés de la République. Et il est évident que l'heure de la curée générale, décrétée par une majorité radicale, serait pour lui l'instant critique, où il serait exposé à tomber sous le poignard de quelque logicien de l'Internationale, partisan fanatique de l'égalité. Il ne lui resterait d'autre parti à prendre que de se sauver promptement à l'étranger avec ses millions, ce qui serait la fin du drame héroï-comique de cette inconcevable et si humiliante bouffonnerie politique.

Hélas! sera-t-il donc dit que le Soldat-Président n'aura su que nous préparer une nouvelle Commune dont nous subirons les horreurs, pendant que Gambetta ira goûter les douceurs de la vie opulente sous les orangers de quelque nouveau Saint-Sébastien?

Il est certain que la France se trouve dans une situation des plus alarmantes. Mais je ne puis me résigner à croire que le héros continuera, jusqu'au bout, son rôle étrange qui est celui d'un gendarme qu'un chef de brigands retiendrait prisonnier en le choyant, après l'avoir intimidé par une sommation dérisoire.

Une *capacité* quittait sa villégiature, dans les derniers jours d'octobre 1878, pour aller siéger au Parlement. Ce personnage paraissait fort triste et disait, à ses amis, que non-seulement tout est perdu, mais qu'il est à craindre que la catastrophe n'éclate pas assez tôt. C'est la peur qu'on éprouve en pleine mer, sur un navire disloqué par la tempête, et qui menace de sombrer avant d'avoir pu échouer quelque part. Or, ces perplexités, qui ne sont point de nature à faire rire, m'ont rappelé le souvenir de l'épisode que voici :

Tourville n'était encore qu'au début de sa carrière dans la vie publique, lorsqu'il se trouva tout justement dans une situation analogue pendant un combat naval contre les pirates.

Son navire criblé de boulets faisait eau de toutes parts. Il coulait bas comme le gouvernement *conservateur* de Mac-Mahon.

« La situation était critique. » Deux expédients classiques se présentaient alors. Combattre jusqu'au dernier moment et disparaître sous les eaux en poussant le cri de la patrie; ou bien faire comme Mac-Mahon abaissant son pavillon devant le chef parlementaire des forbans de l'Internationale.

« Notre jeune débutant » eut recours à un autre procédé, sans perdre son temps à pleurer comme un Maréchal de France. « Il commanda l'abordage. C'était là une tentative désespérée, mais c'était aussi, il s'en rendait bien compte, la seule chance de salut qui lui restât. Aussi, sans songer à défendre son bord quand l'ennemi vint l'envahir, il poussa les siens en avant, s'emparant du pont du bâtiment barbaresque, et, quelques instants plus tard, il regardait tranquillement le vaissseau qu'il avait abandonné s'abîmer dans les flots avec l'équipage ennemi qui s'était cru triomphant, tandis que lui-même était maître d'une bonne frégate, solide et sans avarie. »

Ce sont d'audacieuses manœuvres de ce genre qui, dans les périls extrêmes, en politique comme dans les armes, ont seules le pouvoir de changer immédiatement la face des choses.

33 Nantes. — Imp. Bourgeois

www.ingramcontent.com/pod-product-compliance
Lightning Source LLC
LaVergne TN
LVHW010042230826
846091LV00005B/1832

* 9 7 8 2 0 1 3 3 4 6 4 5 0 *